La protection des droits de l'homme en Afrique

Carole Valérie NOUAZI KEMKENG

La protection des droits de l'homme en Afrique

L'interaction entre Commission et Cour africaines des droits de l'homme et des peuples

Préface de Bernard-Raymond Guimdo Dongmo

L'Harmattan
Cameroun

5-7, rue de l'Ecole-Polytechnique, 75005 Paris

http://www.editions-harmattan.fr

ISBN : 978-2-343-18662-7
EAN : 9782343186627

DÉDICACE

À ma mère KANA Jacqueline, que ce travail soit le soulagement de tes multiples peines et sacrifices consentis pour ma réussite.

Que Dieu te prête longue vie.

REMERCIEMENTS

Qu'il me soit permis d'exprimer mes sincères remerciements à tous ceux qui de près ou de loin ont contribué à la réalisation de cette œuvre. Ma profonde gratitude va particulièrement à l'endroit :

- du Professeur Bernard-Raymond GUIMDO DONGMO, pour avoir suscité en moi l'engouement pour la recherche ;

- de tous mes aînés scientifiques qui ont, par leur assistance et leurs instructions, réveillé en moi l'esprit scientifique. Il s'agit particulièrement des Docteurs Serge SOBZE, Parfait OUMBA, Berthelot GOUDEM, Martine BIKOE, Hermann N. LEKOGMO, Frédéric FOKA, Timothée FOMEGANG, Bertrand E. BILONGO et des camarades de promotion (MM. Joseph Martial ZANGA et Ghislain BOMBELA) ;

- de mon cher et tendre époux, M. Fabien YOTA, pour ses encouragements dans l'actualisation et la publication de cette œuvre scientifique.

Toute ma gratitude à mes parents dont le soutien a été décisif dans l'édification de ce travail scientifique. Ces remerciements vont particulièrement à :

- Mme NGUEFO NOUAZI Élise épse NDONOU ;

- M. et Mme YEMEFACK, M. et Mme FABO, M. et Mme ZEBAZE, M. et Mme AKEMKENG.

LISTE DES ABRÉVIATIONS ET SIGLES

1. Institutions internationales, juridictions et Centres de recherche

CAJDH : Cour Africaine de Justice et des Droits de l'Homme

CEDEAO: Communauté Economique des États de l'Afrique de l'Ouest

CEMAC: Communauté Economique et Monétaire des États de l'Afrique centrale

CEEAC: Communauté Economique des États de l'Afrique centrale

CEA : Communauté de l'Afrique de l'Est

CIADH: Cour Interaméricaine des Droits de l'Homme

CIJ : Cour Internationale de Justice

CJUA : Cour de Justice de l'Union Africaine

COMESA: Marché Commun de l'Afrique Australe et Orientale

COUR OU COUR AFRICAINE : Cour africaine des droits de l'homme et des peuples

COMMISSION OU COMMISSION AFRICAINE : Commission africaine des droits de l'homme et des peuples

CPI :	Cour Pénale Internationale
FIDH :	Fédération Internationale des Ligues de Droits de l'Homme
IRIC:	Institut des Relations Internationales du Cameroun
OEA :	Organisation des États Américains
OIG:	Organisation intergouvernementale
ONG :	Organisation Non Gouvernementale
ONU :	Organisation des Nations Unies
OUA :	Organisation de l'Unité Africaine
SFDI :	Société Française pour le Droit International
SADC :	Southern African Development Community (Communauté pour le développement des États d'Afrique Australe)
TPIR :	Tribunal Pénal International pour le Rwanda
TPIY :	Tribunal Pénal International pour l'ex-Yougoslavie
UA:	Union Africaine
UCAC :	Université Catholique d'Afrique Centrale
UEMOA :	Union Economique et Monétaire Ouest-Africaine
UMA :	Union du Maghreb Arabe

2. Abréviation des textes juridiques

CADH: Convention Américaine des Droits de l'Homme

CEDH : Convention Européenne des Droits de l'Homme

CHARTE OU CHARTE AFRICAINE : Charte africaine des droits de l'homme et des peuples

DUDH : Déclaration Universelle des Droits de l'Homme

PROTOCOLE : Protocole relatif à la Charte africaine des droits de l'homme et des peuples portant création de la Cour africaine des droits de l'homme et des peuples

3. Périodiques, Revues et autres

AHRLJ: African Human Rights Law Journal

LGDJ: Librairie Générale de Droit et de Jurisprudence

PUF: Presse Universitaire de France

RADIC: Revue Africaine de Droit International et Comparé

RASJ: Revue Africaine des Sciences Juridiques

RCADI: Recueil des Cours de l'Académie du Droit International

RGDIP: Revue Générale de Droit International Public

RTDH: Revue Trimestrielle des Droits de l'Homme

RUDH: Revue Universelle des Droits de l'Homme

4. Abréviations usuelles

DIP :	Droit International Public
DIDH :	Droit International des Droits de l'Homme
DIH :	Droit International Humanitaire
Dir. :	Sous la direction de…
M. :	Monsieur
Mme :	Madame
MM.	Messieurs
n°:	Numéro
p.:	Page
pp.	Pages
Vol.:	Volume
§ :	Paragraphe
§§ :	Paragraphes

PRÉFACE

À l'heure où le système africain de promotion et de protection des droits de l'homme s'enrichit d'une institution judiciaire dans l'optique de renforcement de son efficacité, la production scientifique de Madame NOUAZI KEMKENG Carole Valérie que j'ai l'honneur de préfacer vient à point nommé. En effet, il s'agit de l'œuvre d'une jeune chercheure qui a fait l'objet d'un Mémoire de DEA en Droit Public International et Communautaire soutenu à l'Université de Yaoundé II au Cameroun le 1er avril 2010 où elle a obtenu les plus hautes distinctions du Jury.

Il s'agit d'un travail pionnier dans le système africain de promotion et de protection des droits de l'homme, quand on sait que la doctrine est abondante soit sur la Commission, soit sur la Cour, prises séparément. Au jour de sa soutenance, il n'y avait pas encore une réflexion profonde relative aux deux instances. La contribution assez édificatrice de l'auteure sur « Les complémentarités inter institutionnelles dans le système africain de protection des droits de l'homme » (A. D. Olinga (dir.) 2012, pp. 281-310) a ainsi ouvert la voie à d'autres réflexions sur les relations entre la Commission et la Cour africaines[1].

---

[1] Dan Juma, « Complémentarité entre la Commission africaine et la Cour africaine », *in* Guide de complémentarité dans le système africain des droits de l'homme (Union Panafricain des Avocats, 2014, pp. 3-28), voir aussi *Samir Séro Zime Yerima*, « La Cour et la

La Commission a été instituée par la Charte africaine des droits de l'homme et des peuples adoptée à Nairobi au Kenya en 1981. La Cour quant à elle est instituée par le Protocole additionnel à ladite Charte adopté à Ouagadougou en juin 1998. Ce protocole est entré en vigueur le 25 janvier 2004 même si la Cour n'est opérationnelle que depuis 2006. D'ailleurs, elle a rendu son premier arrêt à propos de l'affaire *Michelot Yogogombaye contre la République du Sénégal* en décembre 2009 et jusqu'en décembre 2016, le nombre de requêtes contentieuses reçues par la Cour a été porté à 124 (cent-vingt-quatre), et le nombre de demandes d'avis consultatif à 12 (douze)[2]. Elle a rendu 62 arrêts, dont 18 sur la base de la clause facultative. Sur 18 affaires traitées par la Cour sur la base de la clause facultative, l'on en dénombre 7 (sept) dans lesquelles la Cour n'a pas statué sur le fond[3]. Donc, l'ouvrage de Madame NOUAZI KEMKENG se caractérise par son originalité en termes de

---

Commission africaines des droits de l'homme et des peuples : noces constructives ou cohabitation ombrageuse ? », *Annuaire africain des droits de l'homme*, vol. 1, 2017, pp. 357-385.

[2] Rapport d'activités de la Cour africaine des droits de l'homme et des peuples pour la période allant du 1er janvier au 31 décembre 2016, trentième session ordinaire 22 - 27 janvier 2016, Addis-Abeba (Éthiopie) 6.

[3] Sur l'activité judiciaire de la Cour africaine des droits de l'homme et des peuples, voir C. V. Nouazi Kemkeng « Le bilan décennal de la Cour africaine des droits de l'homme et des peuples » *Droits de l'homme 2.0 : quelle protection à l'ère du numérique ?, Revue semestrielle de droit international de l'Association française pour les Nations Unies - Aix-en-Provence, Presses Universitaires d'Aix-Marseille,* 2015, volume 38, n° 1, pp. 169-189 ; voir aussi G-F Ntwari, « La Cour africaine des droits de l'homme et des peuples à la croisée des chemins – Bilan des cinq premières années d'activités judiciaires (2009-2014) », *RTDH*, 2015, n° 102, pp. 367-391, W. Hoeffner « L'accès de l'individu à la Cour africaine des droits de l'homme et des peuples » *Revista Juridica, vol. 02, n°. 43, Curitiba,* 2016, pp. 825-883, p. 839.

choix et en termes d'approche. En termes de choix, il s'agit d'une auteure qui ose en ce qu'elle s'engage dans une voie complexe, voire difficile, et commet une réflexion prolifique et convaincante dans la mise en commun des deux instances pour en cerner les complémentarités et les distanciations.

La distanciation allant de soi, ce qui est intéressant dans le présent ouvrage en termes d'approche, c'est de voir si entre les deux institutions, il existe une quelconque collaboration ce d'autant plus que la Charte n'en parle pas du tout. À cet égard, on peut se rendre compte qu'à la lecture de la Charte et du Protocole qu'il n'y a pas de rapports organiques ; les commissionnaires et les juges ayant un mode de désignation et des statuts différents, il n'existe donc pas une complémentarité en termes de déroulement organique. Raison pour laquelle l'auteure a jugé nécessaire de ne pas l'examiner dans cet ouvrage. C'est la dimension fonctionnelle qui a marqué son attention.

Dans ce sens, l'avènement de la Cour qui rend des arrêts ayant *« autorité de la chose jugée »,* nécessite une prise en compte du travail considérable de la Commission qui a pendant longtemps rendu des recommandations qui n'ont qu'une valeur de la *« chose constatée »*, et donc forcément, il fallait réfléchir sur les rapports de complémentarité au plan fonctionnel et bien évidemment aussi au plan procédural. Car le Protocole essaye autant que possible de démontrer comment les deux institutions vont collaborer pour trancher les litiges, et donc de protéger les droits de l'homme, et bien évidemment ça déteint sur les procédures que les différentes instances sont amenées à mettre en œuvre. Il évite ainsi toute possibilité de conflit entre la Commission et la Cour. Donc, l'on pourrait même dire qu'il y a une organisation paisible des rapports entre les deux institutions, la finalité, semble-t-il, étant la protection de la dignité humaine.

L'ouvrage de Madame NOUAZI KEMKENG traite d'une problématique tout à fait originale. C'est fondamentalement une réflexion juridique en termes de caractérisation des rapports entre les deux institutions, et cette caractérisation repose sur l'idée de complémentarité qui se traduit de manière évidente au niveau des fonctions et au niveau procédural. C'est ce qu'elle s'attèle pertinemment à démontrer dans les deux parties de l'ouvrage.

Pour ce qui est, dans un premier temps, de la complémentarité des fonctions, elle concerne aussi bien les fonctions consultatives que contentieuses des deux organes. S'agissant des compétences consultatives, elles sont partagées et portent notamment sur l'interprétation et la faculté d'émettre des avis consultatifs relatifs à la Charte. Quant à la complémentarité des compétences contentieuses, elles sont également partagées entre les deux organes et consistent en l'examen au fond des communications et au pouvoir de décision. Comme le démontre l'auteure, sur ce double plan, la complémentarité des fonctions entre les deux instances permet de rendre compte du souci d'harmonisation des décisions et d'uniformisation de la jurisprudence africaine en matière de protection des droits de l'homme.

Parlant dans un second temps de la complémentarité des procédures, l'auteure s'appesantit sur la saisine et la recevabilité des requêtes devant les deux organes. Pour ce qui est de la saisine, la complémentarité se réalise non seulement dans la procédure de la saisine directe, mais aussi dans la procédure de la saisine indirecte. À propos de la recevabilité des requêtes, les règles qui la régissent se complètent tant pour la recevabilité devant la Commission que pour la recevabilité devant la Cour.

À l'issue de ces deux parties assez cohérentes, on peut se satisfaire de l'approche comparative utilisée par l'auteure quand on sait que le système africain est une inspiration des mécanismes européen et interaméricain dans leur configuration duale même si à l'issue de la réforme du mécanisme européen, la Commission européenne a été supprimée au profit d'une Cour unique. On peut également se satisfaire des annexes et de la jurisprudence citée. Cela témoigne du souci de précision et de clarification des données normatives en référence.

Au total, comme le souligne bien l'auteure, *« c'est de l'effectivité de la relation complémentaire entre la Commission et la Cour que dépendra l'avenir des droits de l'homme en Afrique »*. Aujourd'hui, le vœu d'harmonisation des règlements intérieurs des deux institutions émis par le juge Gérard NIYUNGEKO, ancien Président de la Cour africaine, étant réalisé, la pratique des interrelations parfaites et harmonieuses demeure un défi.

Vu sous cet angle, je pense que l'ouvrage de Madame NOUAZI KEMKENG témoigne de l'intérêt et du caractère stimulant de l'œuvre qui va être mis à la disposition du public, des étudiants, des chercheurs et des praticiens du droit. Il donne, je le pense, une nouvelle vision de la dynamique normative et institutionnelle du système africain de protection des droits de l'homme. J'espère qu'il recevra un accueil favorable et des critiques constructives pour que l'auteure puisse améliorer les prochaines éditions.

Bernard-Raymond GUIMDO DONGMO
Agrégé des Facultés de droit,
Université de Yaoundé II - Cameroun

SOMMAIRE

INTRODUCTION

« Le système juridique de la Charte et de la Cour se compose à la fois des principes fondamentaux de droit international qui en constituent le cadre juridique, et les règles spécifiques qui sont complémentaires de celles qui s'inscrivent dans cet ensemble »[4].

Hamid BOUKRIF, « La Cour africaine des droits de l'homme et des peuples : un organe judiciaire au service des droits de l'homme et des peuples en Afrique », *RADIC,* 1998, p. 79.

[4] Hamid BOUKRIF, « La Cour africaine des droits de l'homme et des peuples : un organe judiciaire au service des droits de l'homme et des peuples en Afrique », *RADIC,* 1998, p. 79.

Les droits de l'homme constituent incontestablement l'une des préoccupations majeures de la communauté internationale. L'affirmation de leur valeur universelle d'une part, par la Charte des Nations Unies[5] et d'autre part, par le Préambule de la Charte africaine[6], a été reprécisée par l'Institut de Droit International dans une Résolution adoptée le 3 septembre 1983 en ces termes : *« ... l'obligation de respecter les droits de l'homme incombe à tout État vis-à-vis de la communauté internationale dans son ensemble et tout État a un intérêt juridique à la protection des droits de l'homme... »*[7]. Les États ont, de ce fait, une obligation *erga omnes* de respecter et de protéger les droits de l'homme[8]. Il est capital que les droits et libertés fondamentaux de l'homme soient garantis par un système de protection efficace tant universel que régional. C'est ce qui justifie la diffusion internationale des mécanismes de protection des droits de l'homme qui participe de la création d'un nouvel *« ordre mondial des droits de l'homme »*[9] et dont les procédures

---

[5] Le respect des droits de l'homme a une valeur universelle. La Charte des Nations Unies l'a affirmé dans son article 1 §§ 2 et 3, dispositions rendues explicites à l'article 55(c).

[6] Le paragraphe 5 du Préambule de la Charte africaine affirme que les États ont une obligation envers la communauté internationale de protéger les droits de l'homme.

[7] Gérard-Cohen Jonathan, « Conclusions générales », in *Protection des droits de l'homme et l'évolution du Droit international,* Colloque de Strasbourg, 29, 30, 31 mai 1997, pp. 336-337.

[8] Au sens d'un *orbiter dictum* de la CIJ, 5 février 1970, Affaire de la *Barcelona Traction, Light and power compagny, Limited* (Belgique c/ Espagne), Recueil CIJ 1970, p. 32. Les obligations *erga omnes* ont été consacrées pour la première fois dans cet arrêt.

[9] J. Mourgeon, « Développement et droits de l'homme », in *Aspects du système des Nations Unies dans le cadre de l'idée d'un nouvel ordre mondial,* Yves Daudet (Dir.), Paris, Pedone, 1992, p. 188 ; cité par Jean Didier Boukongou, « Le système africain de protection des droits de l'homme » in *Protection des droits de l'homme en Afrique*, Manuels des formateurs, J. D. Boukongou (Dir.), UCAC, juin 2007, p. 113.

sont mises en concurrence par les victimes des atteintes aux droits de l'homme.

La protection internationale des droits de l'homme[10] s'est matérialisée par la création des juridictions internationales[11] et le développement des systèmes régionaux de garantie des droits de l'homme. Ces derniers paraissent plus efficaces parce qu'ils s'occupent d'un nombre restreint de pays. Dans ce sens, *« l'expérience historique montre d'ailleurs que le cadre régional se prête mieux à la dynamique des droits de l'homme en raison d'affinités culturelles et politiques »*[12]. On note ainsi une avancée significative au niveau des organisations régionales avec la mise en place d'un certain nombre de juridictions spécialisées dans le domaine des droits de l'homme, avec certes des degrés de perfectionnement variés.

Au niveau européen, la Convention de sauvegarde des droits de l'homme et des libertés fondamentales, adoptée à Rome le 4 novembre 1950, dans le cadre du Conseil de l'Europe, a mis en place un mécanisme institutionnel comprenant une Commission et une Cour. Par ailleurs, il est important de préciser que depuis son institutionnalisation, le système européen est en perpétuelle mutation. Celle-ci justifie le nombre assez

---

[10] Par le Comité des droits de l'homme des Nations Unies et le respect des deux Pactes de 1966 à savoir, le Pacte international relatif aux droits civils et politiques entré en vigueur le 23 mars 1976, et le Pacte international relatif aux droits économiques, sociaux et culturels entré en vigueur le 3 janvier 1976.

[11] À l'instar du TPIR, du TPIY et de la CPI. Il est important de préciser qu'il n'existe pas encore une juridiction universelle spécialisée en matière de protection des droits de l'homme.

[12] Sami A. Aldeeb Alou Sahlieh, cité par Oumar Ba, *La Commission africaine des droits de l'homme et des peuples : contribution à l'étude de la protection des droits de l'homme et des peuples*, Thèse de Doctorat 3e cycle, IRIC, Yaoundé 1993, p.

élevé de Protocoles additionnels à la Convention initiale. La plus grande réforme est celle du Protocole n° 11 adopté en mai 1994 et entré en vigueur le 1er novembre 1998 à Strasbourg. Ce Protocole a entièrement simplifié et juridictionnalisé la procédure de contrôle et de garantie des droits de l'homme au sein du système européen[13]. Comme le relève le Professeur Frédéric Sudre, la Convention européenne fournit le modèle le plus perfectionné de garantie effective des droits de l'homme proclamés au niveau international[14].

Pour ce qui est de l'Organisation des États Américains (OEA), la Convention américaine des droits de l'homme de San José de Costa Rica, adoptée le 22 novembre 1969 et entrée en vigueur le 18 juin 1978, crée à l'image du modèle européen, une structure à « double niveau » à savoir la Commission et la Cour interaméricaines des droits de l'homme[15]. En s'inscrivant dans les logiques de l'Europe et à l'Amérique, l'Afrique a édifié elle aussi un système conventionnel et institutionnel de protection des droits humains. La volonté des dirigeants africains de se doter d'un système régional de protection des droits fondamentaux est l'aboutissement d'un long processus entamé en 1961 par la fameuse "Loi de Lagos" et dont il est logique de faire un bref rappel historique. Cette loi envisageait l'institution d'un Tribunal africain et l'adoption d'une Convention africaine des droits de l'homme dans le cadre du 1er congrès africain sur la primauté du droit[16].

---

[13] L'article 19 de la Convention Européenne des droits de l'homme (CEDH) révisée, institue une Cour unique.

[14] Frédéric Sudre, *Droit international et européen des droits de l'homme*, Paris, PUF, 5e édition, 2003, p. 14.

[15] Article 33 de la CADH.

[16] À propos de l'évolution normative, institutionnelle et opérationnelle de la Charte africaine, lire Mutoy Mubiala, *Le système régional*

À la suite de nombreuses négociations, l'étape suivante fut celle de l'élaboration et de l'adoption de la Charte africaine des droits de l'homme et des peuples[17] par la Conférence des Chefs d'État et de gouvernement de l'Organisation de l'Unité Africaine (OUA)[18] tenue à Nairobi au Kenya, le 27 juin 1981. Après avoir été ratifiée par tous les États membres de l'OUA, la Charte est entrée en vigueur le 21 octobre 1986. Par rapport à d'autres systèmes régionaux, la Charte africaine traduit, à n'en point douter, la vision africaine des droits humains et exprime une *« conception globalisante des droits de l'homme »*[19]. Pour donner corps aux droits de l'homme et des peuples en Afrique, la Charte a mis sur pied un mécanisme de contrôle, de supervision et de sauvegarde desdits droits à savoir, la Commission africaine des droits de l'homme et des peuples[20]. Cependant, la Commission est loin d'être dotée d'un pouvoir juridictionnel et par conséquent, elle est insusceptible de rendre des décisions contraignantes. Le mécanisme issu de la Charte est en

---

africain de protection des droits de l'homme, Bruxelles, Bruylant, 2005, pp. 18-22, 29-30 ; lire Nestor Makoundzi-Wolo, *La Commission africaine des droits de l'homme et des peuples, Panacée ou Placebo ? Les illusions d'une Charte*, UNESCO, Dakar, Sénégal 1997, pp. 15-16 ; et également Keba M'Baye, *Les droits de l'homme en Afrique*, Paris, Pedone, 2e édition, 1992, pp. 169 et ss.

17 Ci-après dénommée *Charte africaine ou Charte.*

18 L'OUA est une Organisation panafricaine créée en 1963 à Addis-Abeba en Éthiopie. Elle regroupe les 53 pays africains qui forment l'Union Africaine qui a pris sa succession le 26 mai 2001.

19 Valère Etéka Yemet, *La Charte africaine des droits de l'homme et des peuples : Étude comparative*. Harmattan, Paris, 1996, p. 370.

20 Article 30 de la Charte. Elle est installée depuis le 2 novembre 1987. Son Règlement intérieur est adopté le 13 février 1988 et elle siège à Banjul en Gambie. Elle sera ci-après dénommée *Commission africaine ou Commission.*

grande partie caractérisé par la mainmise des instances politiques[21].

Dans le double but de dissuader toute tentative de violation des droits de l'homme et de mettre un terme à l'impunité, les États africains ont franchi une étape décisive. L'Afrique s'est ainsi arrimée à l'ordre juridique international à travers l'adoption du Protocole additionnel à la Charte africaine portant création d'une Cour africaine des droits de l'homme et des peuples[22], lors de la 34e session ordinaire du Sommet des Chefs d'État et de gouvernement tenu à Ouagadougou, au Burkina Faso, le 9 juin 1998. Si le Protocole à la Charte est entré vigueur le 25 janvier 2004, la désignation des juges quant à elle a eu lieu en janvier 2006[23]. La prestation de serment a eu lieu devant la Conférence des Chefs d'État et de gouvernement de l'Union Africaine (U.A.) lors de la séance de clôture du 7e Sommet de l'U.A. tenu du 25 juin au 2 juillet 2006, à Banjul en Gambie. La Cour africaine a tenu sa première session dans la même ville du 3 au 5 juillet 2006. C'est au cours de sa deuxième session tenue à Addis-Abeba en Éthiopie du 18 au 21 septembre 2006 que la Cour a constitué son Bureau[24]. Par conséquent, la Cour africaine

---

[21] C'est ce qui justifie la recrudescence des violations massives des droits de l'homme en Afrique, comme l'ont relevé les ONG dans leur rapport sur les faiblesses institutionnelles de la Commission, voir *Guide pratique pour comprendre et utiliser la Cour africaine des droits de l'homme et des peuples,* FIDH, Paris, 2004, p. 17.

[22] Ci-après dénommé *Protocole à la Charte ou Protocole.*

[23] Les juges ont été élus conformément aux dispositions des articles 11 à 16 du Protocole.

[24]Le Président de la Cour et son vice ont été élus (Président de la Cour : M. Gérard Niyungeko ; Vice- Président de la Cour : M. Modibo Tounty Guindo ; voir la liste des juges en Annexe 6), Source : Communiqué de presse, http://www.africa-union.org//, Banjul, 3 juillet 2006.

est fonctionnelle[25] depuis le 2 juillet 2006 et jusqu'en décembre 2016, le nombre de requêtes contentieuses reçues par la Cour a été porté à 124 (cent-vingt-quatre), et le nombre de demandes d'avis consultatif à 12 (douze)[26]. Elle a rendu 62 arrêts, dont 18 sur la base de la clause facultative. Sur 18 affaires traitées par la Cour sur la base de la clause facultative, l'on en dénombre 7 (sept) dans lesquelles la Cour n'a pas statué sur le fond[27].

En outre, les rapports entre la Commission et la Cour africaines ont été davantage précisés dans le Règlement intérieur de la Commission africaine des droits de l'homme et des peuples révisé lors de sa 47e session ordinaire tenue à Banjul (Gambie) du 12 au 26 mai 2010 et entré en vigueur le 18 août 2010[28]. Sur la base de ce

---

[25] Selon le Rapport du Président de la Cour africaine pour l'année 2006, publié à la fin de la 8e session ordinaire de la Cour tenue à Addis-Abeba en Éthiopie du 20 au 30 septembre 2007.

[26] Rapport d'activités de la Cour africaine des droits de l'homme et des peuples pour la période allant du 1er janvier au 31 décembre 2016, trentième session ordinaire 22 - 27 janvier 2016, Addis-Abeba (Éthiopie) 6.

[27] Sur l'activité judiciaire de la Cour africaine des droits de l'homme et des peuples, voir C. V. Nouazi Kemkeng « Le bilan décennal de la Cour africaine des droits de l'homme et des peuples » *Droits de l'homme 2.0 : quelle protection à l'ère du numérique ?, Revue semestrielle de droit international de l'Association française pour les Nations Unies - Aix-en-Provence, Presses universitaires d'Aix-Marseille,* 2015, volume 38, n° 1, pp. 169-189 ; voir aussi G-F Ntwari, « La Cour africaine des droits de l'homme et des peuples à la croisée des chemins – Bilan des cinq premières années d'activités judiciaires (2009-2014) », *RTDH*, 2015, n° 102, pp. 367-391, W Hoeffner « L'accès de l'individu à la Cour africaine des droits de l'homme et des peuples » *Revista Juridica, vol. 02, n°. 43, Curitiba,* 2016, pp. 825-883, p. 839.

[28] Le Règlement intérieur de la Commission africaine des droits de l'homme et des peuples a été adopté lors de sa 2e session ordinaire tenue à Dakar (Sénégal) du 8 au 13 février 1988 et a été révisé lors de

texte, notamment les articles 114 à 123, les rapports entre les deux institutions sont opérationnels et se matérialisent en termes de saisine de la Cour, de renvoi ou le transfert réciproque des affaires, de consultation, de litispendance, de représentation de la Commission devant la Cour, etc. l'article 114 du nouveau Règlement intérieur de la Commission africaine précise d'ailleurs que *« la complémentarité entre la Commission et la Cour est définie et organisée par les articles 5, 6(1) & (3), 8 et 33 du Protocole ».*

Le constat est donc clair que *« le mécanisme de garantie institué par la Charte africaine a connu deux phases différentes, mais complémentaires »*[29]. La création de cet organe juridictionnel contribue au renforcement de l'engagement de l'UA dans la protection des droits de l'homme et de ce fait, la Cour doit œuvrer à combler un vide majeur laissé par la Charte africaine pour ainsi rattraper le retard par rapport aux autres systèmes régionaux. Elle correspond à une "*valeur ajoutée*" au mécanisme de contrôle préexistant. La Commission aura désormais, dans l'accomplissement de sa fonction de protection, *« un auxiliaire de taille »*[30]. Dans cette perspective, il y a lieu d'affirmer que : *« dans le système de l'Union Africaine, le règlement du contentieux des droits de l'homme est de la compétence de ces deux*

---

la 18e session ordinaire tenue à Praia (Cap-Vert) du 2 au 11 octobre 1995.

[29] Bernard-Raymond Guimdo Dongmo, « Le droit d'accès à la justice administrative au Cameroun. Contribution à l'étude d'un droit fondamental », in *RASJ,* vol.4, n° 1, 2007, p. 181.

[30] M. Mubiala, « La Cour africaine des droits de l'homme et des peuples : mimétisme institutionnel ou avancée judiciaire ? », *RGDIP*, vol. 102, n° 3, 1998, p. 779.

institutions »[31]. En réalité, la Cour africaine constitue une source de satisfaction pour les défenseurs des droits humains. Face à une telle espérance qui intéresse tant les peuples africains, les gouvernements et la communauté scientifique, la logique et la rigueur du raisonnement juridique semblent susciter chez le juriste bon nombre de questionnements. Cette démarche consiste à étudier sous le rapport du droit, les relations et les interrelations entre les deux institutions. Une telle étude s'inscrit nécessairement dans un contexte précis, lequel tend à la justifier. Pour fonder notre démarche, nous remarquons que le continent africain connaît des situations de graves violations des droits de l'homme pour lesquelles les organes chargés d'assurer la protection desdits droits devraient se prononcer[32]. Ceci se vérifie tant sur le plan politique, socio-économique que juridique.

Sur le plan politique, la protection des droits de l'homme est caractérisée par la main-mise des décideurs politiques. Le continent africain a été et continue d'être le théâtre de nombreuses crises et de conflits dus à l'inefficacité de la Commission, au nombre très réduit de ratifications du Protocole et d'acceptation de la compétence de la nouvelle Cour. Cet état de fait découle d'une part de la nature des régimes politiques dans la plupart des pays africains, elle-même tributaire des modes d'accession au pouvoir et d'autre part, de l'ambition démesurée de certains dirigeants qui y trouvent un prétexte pour être réfractaires aux questions des droits de l'homme.

---

[31] B-R. Guimdo Dongmo, « Pratique du contentieux international des droits de l'homme et procédures d'urgence », in J. D. Boukongou (Dir.), *op.cit.* p. 189.

[32] *Intervention sur la situation générale des droits de l'homme en Afrique*, http://www.fidh.org/, Forum des ONG, 23 mai 2008. Ce rapport sert de source à toutes les données chiffrées dans ce contexte.

Les changements anticonstitutionnels[33] et les modifications constitutionnelles[34] constituent les moyens les plus usités pour asseoir leur régime politique et assurer leur longévité au pouvoir. Ceci est généralement illustré par des assassinats et des enlèvements des adversaires politiques. En plus, les crimes internationaux commis en RDC[35], la tragédie du Darfour, les violations récurrentes de droits de l'homme dues à la dictature au Zimbabwe[36] en constituent des illustrations convaincantes.

En outre, les conflits internes en Afrique occasionnent des violations systématiques et généralisées des droits de l'homme. L'immense majorité des victimes, si elles ne sont pas froidement assassinées[37], se retrouvent dans l'impossibilité de rester chez elles. Cette situation illustre la présence de plusieurs millions de déplacés internes, de réfugiés et même des expulsions forcées[38]. Face à ce vécu quotidien des populations africaines, les populations ne devraient plus rester silencieuses. Il est urgent qu'elles prennent conscience de la gravité de leur situation et surtout de l'existence des mécanismes de contrôle et de garantie de leurs droits. Elles doivent, par leur action sur la quête de la justice, amener les États africains à se conformer aux obligations internationales. Suite aux massacres survenus le 28 septembre 2009 en Guinée Conakry, la Commission et la Cour africaines ont organisé un colloque à Dakar au Sénégal, du 12 au 16 octobre 2009

---

[33] Par exemple en Guinée-Conakry en fin 2008 et en septembre 2009 où des manifestations de l'opposition ont occasionné des violations graves et massives des droits de l'homme.

[34] C'est le cas au Tchad en 2004, au Cameroun en avril 2008, en Algérie.

[35] Près de 3 millions de morts.

[36] Les droits les plus élémentaires tels que les droits à la santé et à l'alimentation sont bafoués.

[37] Comme ce fut le cas de plus de 800 000 Rwandais en 1994.

[38] Comme en Somalie, Tchad, Soudan, RCA, RDC.

pour lancer un appel aux États africains, pour qu'ils ratifient le Protocole et rendent plus efficace la protection des droits de l'homme dans le continent[39].

Sur le plan socio-économique, l'ordre international est aujourd'hui influencé par la mondialisation de l'économie. Ainsi, les récents développements du droit d'ingérence, qu'il soit humanitaire, écologique, démocratique et surtout économique, ont profondément affecté les économies africaines. Elles ont perdu leur souveraineté sous le coup du poids de la dette et des conditionnalités des bailleurs de fonds. Plusieurs conséquences découlent de cet état de fait[40]. Du fait de la conjoncture économique, les droits économiques et sociaux pourtant proclamés ne sont pas efficacement réalisés. La situation la plus inquiétante qui menace le continent africain est celle de l'inflation qui n'a été qu'un signe annonciateur de la crise financière internationale. En effet, la flambée des prix des denrées de première nécessité a suscité de nombreuses contestations donnant lieu pour la plupart à de graves violations des droits de l'homme. Ainsi, des manifestations parfois violentes, souvent réprimées par la force, ont jalonné le continent, allant du Sénégal à l'Égypte, en passant par le Burkina Faso, la Côte d'Ivoire, le Niger, le Cameroun[41], etc.

Le contexte social est marqué par l'extrême pauvreté, l'analphabétisme, l'insécurité alimentaire, le trafic des enfants, les discriminations économiques et sociales qui

---

39 Aziza B. Doudoua et Naréne Pauline Coly, « Sur le massacre de Guinée et le jugement de Hissen Habré : la Cour africaine des droits de l'homme et des peuples s'explique », http://www.lasquotidien.info, 17 octobre 2009.

40 À titre d'exemple, il y a un taux de chômage très élevé et la précarité de l'emploi.

41 Au Cameroun, en fin février 2008, une grève contre la flambée des prix de carburant avait dégénéré en émeutes, pillages et arrestations.

ont favorisé les raids meurtriers interethniques[42]. Il est important de préciser que le problème de l'analphabétisme englobe à lui seul l'ignorance des droits et de l'existence des moyens de leur protection tant au niveau interne qu'international. Eu égard à cette situation socio-économique, la présente étude invite les dirigeants africains à promouvoir une réelle culture des droits de l'homme, ce qui passe par la ratification des textes y relatifs et l'acceptation de la compétence de la Cour africaine. Le but de cette conscientisation est de renseigner les victimes des violations des droits de l'homme sur l'existence et le fonctionnement des mécanismes de protection et surtout à propos de la revendication desdits droits.

Sur le plan juridique, l'on note la mise en scène d'un véritable mécanisme de protection des droits de l'homme en Afrique à travers la création de la Cour africaine qui est la *« dernière-née des Cours des droits de l'homme »*[43]. Il s'agit d'une importante mutation de l'ordre juridique africain, car tous les systèmes de défense des droits de l'homme renferment un double mode de règlement des différends : la conciliation et le contentieux.

Le nouvel organe juridictionnel vient s'adjoindre à la Commission africaine, pour parachever ainsi le système africain de protection des droits de l'homme. Cet ajout autorise l'idée d'une garantie effective des droits de l'homme et donne tout son sens au droit d'action individuelle qui fonde le Droit International des Droits de l'Homme (DIDH). C'est dans cette logique que la juridictionnalisation des droits de l'homme revêt tout son

[42] Il y a eu plus de 1500 morts au Kenya par exemple.
[43] Rafaa Ben Achour, « Quel rôle pour la justice internationale ? », *Justice et juridictions internationales*, Colloque de Tunis, Paris, A. Pedone, 2000, p. 29.

intérêt comme le confirme le Professeur Frédéric Sudre lorsqu'il affirme que « *la justiciabilité de la règle conditionne l'efficacité de la garantie et de la sanction* » et « *aucune protection internationale des droits de l'homme ne peut sérieusement être mise en œuvre si elle ne s'accompagne pas de mécanismes juridictionnels appropriés* »[44]. Cette position a d'ailleurs été reprécisée par le Juge Pedro Nikken qui affirme que « *l'activité de la Cour est étroitement liée à celle de la Commission (...)* »[45]. Ces considérations politiques, socio-économiques et juridiques mettent en lumière d'une part, la situation des droits de l'homme en Afrique et d'autre part, l'évolution du système de garantie de ces droits. Face à ce contexte, l'existence de deux structures s'inscrit dans une logique de la recherche de leur fonctionnement effectif et de l'efficacité de la protection. Ces considérations exigent de ce fait que l'étude soit circonscrite dans un champ déterminé.

Pour mieux cerner la question des rapports entre la Commission et la Cour africaines, une délimitation temporelle et matérielle s'avère nécessaire. En effet, le 9 juin 1998, date d'adoption du Protocole relatif à la Charte africaine portant création de la Cour africaine, marque le début des interrogations au sujet des rapports entre la Commission et la Cour africaines sur le terrain de la protection des droits fondamentaux de l'homme et des peuples en Afrique et constitue le point de départ de cette étude. Par conséquent, les autres dates, à savoir celles de l'entrée en vigueur du Protocole en 2004 et celle de 2006 concernant le début du fonctionnement de la Cour, marquent l'évolution du système et expriment la mise en place effective de la Cour africaine.

---

[44] Frédéric Sudre, 5e édition, *op.cit.* p. 13.

[45] Pedro Nikken, « Le système interaméricain des droits de l'homme », *RUDH*, vol.2, 1999, p. 105.

Sur le plan matériel, la présente étude se situe dans le champ scientifique du Droit international. Il s'agit d'un droit dynamique. Les droits de l'homme qui se définissent comme *« des droits subjectifs qui traduisent dans l'ordre juridique, les principes naturels de justice qui fondent la dignité de la personne humaine »*[46], en constituent le domaine le plus mouvant. Dans ce sens, cette matrice permet d'identifier un certain nombre de disciplines avec lesquelles l'étude entretient une relation étroite. Il s'agit principalement du Droit international des droits de l'homme (DIDH), du Droit International Humanitaire (DIH) et du droit des Organisations internationales, dont l'objet et les champs se rencontrent dans le cadre d'une investigation portant sur les juridictions des droits de l'homme qui sont en même temps les organes d'une organisation internationale[47]. En effet, le DIDH est une branche du droit international public qui distingue généralement le système universel des systèmes régionaux de protection des droits de l'homme. Dans le cadre du présent travail, seuls les systèmes régionaux constitueront la matière de base. À ce titre, il est important de préciser que les systèmes européen et interaméricain sont invoqués à titre de droit comparé.

Pour une meilleure compréhension de ce thème, il ne paraît pas opportun de présenter la Commission et la Cour, mais plutôt de se pencher sur les rapports qui lient les deux organes. Dans le Petit Larousse Grand format[48], le

---

[46] Yves Madiot, *Droits de l'homme,* Collection Droit et Sciences économiques, Paris, Masson, 2e édition, 1991, p.26.

[47] L'Union Africaine est une organisation panafricaine qui s'engage dans ses objectifs à promouvoir et à protéger les droits de l'homme et des peuples conformément à la Charte africaine et à d'autres instruments pertinents relatifs aux droits de l'homme (article 3-h de l'Acte constitutif de l'Union Africaine).

[48] *Le Petit Larousse*, Grand Format, 2004, p. 856.

rapport pris toujours au singulier, désigne le lien ou la relation entre deux ou plusieurs personnes ou choses. Cette définition se rapproche sommairement de celle de "*rapports*" pris au pluriel. Littéralement, le Petit Larousse définit le concept de *"rapports"*, comme étant le lien, la relation qui existe entre des personnes ou des groupes[49]. Pour des besoins d'illustration et de synonymie, ce concept est généralement présenté comme la filiation, la relation, le lien, l'analogie, l'union, la corrélation, la connexité, la dépendance ou la coexistence[50].

À côté de ces définitions matérielles, le Professeur Jean Salmon, définit la notion de "*rapports*" d'abord comme une relation, ensuite comme des rapports de droit ou de fait entre deux personnes[51]. Elle signifie entrer en relation, établir ou entretenir des relations[52]. Cette définition encourt une objection au sujet de son style tautologique, puisqu'elle définit un concept en utilisant le même concept. Et en cela, elle ne rend pas compte, en termes clairs, du contenu matériel de cette notion.

Dans ce sens, la définition du Professeur Gérard Cornu constitue une avancée significative dans la clarification de ce concept de "*rapports*" *;* lequel désigne au sens factuel, la relation (rapports de voisinage) et dans un sens juridique, les rapports de droit ou le lien juridique[53]. L'expression désigne aussi les rapports collectifs ou

---

[49] *Ibid.*

[50] Pierre Ripert, *Dictionnaire des synonymes de la langue française*, Maxi-livres, Paris 2001, p. 245.

[51] Jean Salmon, *Dictionnaire de droit international public,* Bruxelles, Bruylant, *2001,* p. 965.

[52] Telles que les relations amicales, les relations diplomatiques, ou les relations transfrontalières.

[53] Pour mieux illustrer, l'auteur précise qu'il signifie les rapports d'instance (le lien juridique d'instance) ou les rapports entre époux (rapports d'ordre patrimonial et extrapatrimonial).

individuels de travail[54]. En substance, l'on peut noter que cette définition démontre que la notion de "*rapports*" emporte une relation matérielle d'une part, et des implications juridiques qui peuvent en découler d'autre part. En cela, elle s'accommode aux fins de la présente étude. En réalité, la notion de "*rapports*", qui regroupe les rapports de droit ou juridiques et les rapports matériels englobe également les effets positifs ou négatifs que ceux-ci peuvent engendrer. C'est dans cette deuxième dimension que s'inscrit logiquement la qualification qui, en réalité, n'est rien d'autre que la caractérisation même des rapports. On parlera ainsi de rapports de conflit, de rapports de complémentarité, de rapports de dépendance, de rapports de hiérarchie, de rapports de substitution, de rapports de coordination, ou même de rapports de prééminence.

Au regard de ces définitions, il est loisible de penser que la notion de "*rapports*" suppose la mise en présence d'au moins deux acteurs. Il peut s'agir des rapports entre deux ou plusieurs personnes, de la coexistence entre deux ou plusieurs organes ou institutions dans leurs relations collectives ou individuelles de travail. C'est dans ce sillage que le postulat des rapports entre la Cour et la Commission africaines des droits de l'homme et des peuples revêt à la fois pertinence et opportunité. En somme, il convient de relever que dans le cadre de cette recherche, le concept de rapports désigne la liaison ou le lien juridique qui existe entre la Commission et la Cour africaines dans l'exercice de leurs fonctions respectives. Ce lien juridique est susceptible d'engendrer des effets positifs ou négatifs suivant la qualification de ladite relation. Puisqu'il s'agit dans le cas d'espèce de la

---

[54] Gérard Cornu, *Vocabulaire juridique*, Paris, PUF, 2003, 4e édition, p. 730.

coexistence entre deux organes, il pourra s'agir des relations et interrelations complémentaires ou conflictuelles. Quelle peut donc être l'originalité de la présente étude et quel est son intérêt ?

Il nous convient de relever que la mise en place des garanties juridictionnelles sur la scène internationale s'impose comme une donnée incontournable tant pour la société internationale que pour les individus. En ce sens, le Doyen Gérard-Cohen Jonathan écrit que le *« droit au juge »* est devenu *« un élément essentiel (...), le noyau dur des droits de l'homme, véritable jus cogens qui s'impose à tous les États dans une société démocratique »*[55]. Cependant, l'accès au juge de la Cour africaine peut être conditionné si le jeu des rapports entre la Commission et la Cour africaines n'est pas clarifié. Dans cette perspective, la présente étude revêt un double intérêt, aussi bien scientifique que social.

Du point de vue scientifique, l'étude des rapports entre la Cour et la Commission porte d'une part, sur la clarification des ambiguïtés éventuelles de certaines dispositions du Protocole et l'évitement des confusions autour de la nature des relations qu'entretiennent ces deux institutions. De ce fait, cette étude s'insère dans un mouvement de contribution à la réflexion engagée au niveau international par les acteurs de la communauté scientifique relativement aux droits de l'homme. Cet apport participe à l'élaboration d'une théorie générale des rapports entre les organes de protection des droits de l'homme dans les systèmes régionaux. La finalité ultime

---

[55] G. Cohen-Jonatthan, « Le droit au juge », in Jean Valine, *Gouverner, administrer, juger*, Liber americorum, Paris, Dalloz, 2002, p. 476. Cité par B-R Guimdo, « Le droit d'accès à la justice administrative au Cameroun. Contribution à l'étude d'un droit fondamental », *op.cit.* p. 170.

de cette recherche à travers la caractérisation des rapports entre les deux organes souscrit au noble chantier de la quête de l'efficacité de la protection des droits de l'homme en Afrique et dans le monde.

D'autre part, la présente étude participe au maintien de la paix et de la sécurité internationales dans la mesure où les violations massives des droits de l'homme sont de plus en plus qualifiées de menaces à la paix par le Conseil de sécurité des Nations Unies[56]. Le caractère presque inexploré de la question des rapports lui confère une grande marge d'intérêt. De ce fait, il n'est pas exclu que le présent travail ait, comme les doctrines précédentes, un apport sur le droit positif.

Sur le plan social, la présente étude vise d'une part à influencer et à accélérer le processus de protection africaine des droits de l'homme. Elle va ainsi s'atteler à montrer de manière générale qu'il existe une différence au niveau des garanties sécuritaires offertes par la Commission et la Cour africaines. Dans cette perspective, l'idéal serait que tout Africain puisse avoir l'esprit ouvert pour faire valoir son droit à la justice et à la réparation lorsque son pays ne respecte pas les engagements qu'il a pris aux niveaux régional et international en matière de protection des droits de l'homme. Bien plus, le présent travail vise à renseigner les individus sur le fonctionnement dual des organes de contrôle et de garantie

---

[56] Voir par exemple la Résolution 794 adoptée par le Conseil de sécurité en date du 3 décembre 1992 dans l'affaire de la Somalie. En vertu du Chapitre VII de la Charte des Nations Unies, elle l'autorise à utiliser tous les moyens nécessaires pour instaurer les conditions de sécurité pour les opérations de secours humanitaires. Le Conseil de sécurité a qualifié l'ampleur de la tragédie humanitaire et de la violation du DIH de menace à la paix et à la sécurité internationales. Voir aussi la Résolution 770 adoptée en 1992 lors de la crise du Kosovo.

des droits de l'homme ; c'est-à-dire, aider les individus dans le choix de l'instance à saisir en cas de violation de leurs droits. La finalité ultime de cette contribution est de réduire au maximum l'impunité au bénéfice de la protection des droits humains en Afrique. Un tel intérêt n'est pertinent que si le problème en lui-même existe véritablement.

Pour fonder notre réflexion, nous remarquons que le mode de création des organes de protection des droits de l'homme en Afrique est une particularité qui inspire les analyses de bon nombre d'auteurs d'ici et d'ailleurs. Elles sont au jour d'aujourd'hui focalisées sur le fonctionnement du nouveau système basé sur *« l'attelage Commission/Cour »*[57]. De nombreuses problématiques ont donc germé, dont celles relatives à la concurrence, la hiérarchie, ou encore l'enchevêtrement des compétences[58].

De façon générale, il se dégage deux tendances. La première se focalise sur la complexité des rapports entre les deux organes. Certains auteurs redoutent[59] le risque qui peut surgir en matière consultative du fait de l'attribution concurrente de cette compétence[60]. Mais ce qui fait problème, ce n'est pas la question de l'institutionnalisation d'un système dans lequel il pourrait *« exister deux*

---

[57] Alain Didier Olinga, « L'Afrique face à la "globalisation" des techniques de protection des droits fondamentaux », in *Revue camerounaise des relations internationales*, IRIC, 2000, p.162.

[58] Samir Séro ZIME YERIMA, « La Cour et la Commission africaines des droits de l'homme et des peuples : noces constructives ou cohabitation ombrageuse ? », *Annuaire Africain des Droits de l'Homme,* vol. 1, 2017, 357-385, http://doi.org/10.29053/2523-1367/2017/v1n1a17

[59] M. Mubiala, *op.cit.* pp. 765-780, Nouba Chaouachi, « La Cour africaine des droits de l'homme et des peuples », *Justice et juridictions internationales*, Colloque de Tunis, Paris, A. Pedone, 2000, pp. 271-290.

[60] Article 45 § 3 de la Charte africaine et article 4 du Protocole.

structures ou une structure à deux étages »[61], mais plutôt l'éventuelle complexité des relations de travail entre les deux organes. Il a été proposé d'appréhender la complexité desdits rapports comme étant la résultante de l'entière liberté dont dispose la Cour africaine relativement à l'examen des requêtes émanant des personnes privées[62]. La compétence de la Commission africaine étant limitée à l'interprétation de la Charte africaine, il a été suggéré de percevoir l'extension de la compétence de la Cour comme un apport important dans l'ordre juridique africain et déterminant dans la relation entre les deux organes[63]. Cette conception laisse *a priori* supposer la prééminence de l'interprétation de la Cour[64]. En conséquence, il faut retenir de ces analyses qu'il existe à l'égard des deux organes, une communauté de compétences et une similitude de procédures, lesquelles s'imbriquent et s'emboîtent dans un faisceau de relations de sorte qu'il est évident de dire que « *la Commission garde son rôle important de filtre sur le chemin de la Cour* »[65].

La seconde tendance concerne la conception africaine qui serait réfractaire à la l'institutionnalisation d'une

---

[61] A. D. Olinga, *op.cit.*, p. 162.

[62] B-R Guimdo, « Pratique du contentieux international des droits de l'homme et procédures d'urgence » *op.cit.* pp. 185-195.

[63] Voir en ce sens le Pr. Jean Louis Atangana Amougou, « Avancées et limites du système africain de protection des droits de l'homme : la naissance de la Cour africaine des droits de l'homme et des peuples », *Revue de Droits fondamentaux*, n° 3, janvier -décembre 2003, pp.176-178.

[64] Ndiaga Loum, « Le système africain des droits humains : les mécanismes institutionnels et leurs interrelations », in *Défendre les droits humains en Afrique. Points de vue sur la Commission africaine des droits de l'homme et des peuples,* Michael Wodzicki (Dir.), Agence canadienne de développement international, Colloque de décembre 2008, pp. 19-32.

[65] A. D. Olinga, *op.cit.*, p. 163.

justice des droits de l'homme. Ce courant de pensée trouve ainsi en l'interprétation de l'article 5 § 1 (b) du Protocole[66], une mise en chômage technique de la Commission du fait de la préférence de la « saisine directe » par rapport à la « saisine indirecte » de la Cour, c'est-à-dire l'abandon de la procédure conciliatoire par rapport à la préférence de l'option juridictionnelle[67]. Cette thèse a beaucoup été critiquée dans le contexte actuel façonné sur la dualité institutionnelle en matière de protection des droits de l'homme, et surtout par respect à la procédure conciliatoire qui constitue une spécificité africaine, car *« l'option juridictionnelle n'est pas la négation du mécanisme de l'arbre à palabre »*[68]. En effet, le fait qu'en Afrique la voie contentieuse ne soit pas une nécessité à rechercher à tout prix, la Commission dans sa configuration actuelle conserve un rôle primordial dans la mesure où c'est elle qui donnera à la Cour l'occasion d'exercer sa fonction juridictionnelle. Il y a lieu de reconnaître que l'efficacité de ce nouveau système se trouverait dans la coopération sereine des deux organes.

En définitive, force est de constater que ces différentes études sont, d'une manière ou d'une autre, fondées sur les imprécisions des dispositions du Protocole relatives à la réception de la dualité d'organes au sein du système

---

[66] Cette disposition donne le droit à l'État partie qui a saisi la Commission de saisir la Cour.

[67]Nouba Chaouachi, *op.cit.* p. 279 ; Fabienne Quilleré-Majzoub, « L'option juridictionnelle de la protection des droits de l'homme en Afrique-Etude comparée autour de la création de la Cour africaine des droits de l'homme et des peuples », *RTDH*, 2000, p. 731. Pour cet auteur, la Cour africaine est une création « après-coup » et marque l'abandon de la « spécificité africaine » prônée par les tenants de l'arbre à palabres.

[68] Sitsofé Kowouvih, « La Cour africaine des droits de l'homme et des peuples : une rectification du concept de spécificité africaine en matière de droits de l'homme », *RTDH,* n° 59, 2004, p. 760.

africain de protection des droits de l'homme. Toutefois, elles n'ont pas pu évacuer du champ de la recherche scientifique la problématique de la complexité des rapports. Aussi se pose-t-il une question fondamentale : qu'est-ce qui caractérise les rapports entre la Commission et la Cour africaines des droits de l'homme et des peuples dans l'exercice de leurs mandats de protection des droits humains en Afrique ?

Une lecture attentive des textes juridiques aménageant la Commission et la Cour révèle que les deux structures n'entretiennent pas de rapports organiques. À la lumière de l'activité récente de la Commission et de la Cour, est cependant possible d'envisager des rapports au plan fonctionnel. Dans cette optique et de façon générale, il se dégage l'idée selon laquelle les interrelations entre la Commission et la Cour africaines des droits de l'homme et des peuples se caractérisent par une double complémentarité : une complémentarité des compétences et une complémentarité des procédures. Pour s'en convaincre, il est nécessaire de procéder à une analyse dont la rigueur tient d'une démarche méthodologique et scientifique.

Et pour ce faire, il nous semble nécessaire de démontrer le processus méthodologique dans le cadre de la présente investigation, la présentation de la méthode utilisée précédera celle des techniques appliquées. Ensuite, sur le plan méthodologique, nous nous référons au Doyen Jean Carbonnier qui définit la méthode comme *« une manière de conduire sa pensée »*[69]. En fait, *« le propre de la méthode, dit A. Kaplan, est d'aider à comprendre au sens plus large, non les résultats de la recherche scientifique,*

---

[69] Jean Carbonnier, « Introduction », Droit civil, PUF, collection « Thémis », 17e édition cité par Jean Louis Bergel, *Méthodologie juridique*, PUF, collection « Thémis », 1re édition, 2001, p. 18.

mais le processus de recherche lui-même »[70]. Ainsi, le processus méthodologique qui permet de mener à bien la présente étude, invite à recourir à la méthode juridique. Celle-ci se définit comme étant une étude des procédés et des méthodes que les juristes sont amenés à pratiquer dans leurs activités de recherche, de création et d'application du droit, et plus généralement pour parvenir à la solution des problèmes juridiques[71]. La méthode juridique a donc pour objet *« d'étudier les voies et moyens permettant, en fonction des buts poursuivis et la cohérence interne de l'ordre juridique, de parvenir aux résultats souhaités, de la façon la plus économique et la plus efficace, avec un souci constant de sécurité juridique »*[72].

En ce sens, la méthode juridique consiste en une double démarche. La première est l'analyse des textes juridiques, et en ce sens, le juriste pourra se contenter de la seule connaissance des lois et de la réglementation. La seconde repose sur une exploitation de leur condition d'édiction, les interprétations et l'application qui en est faite par les acteurs sociaux, véritables destinataires de la règle de droit. Dans ce sens, cette méthode alterne la dogmatique et la casuistique.

La dogmatique permet de comprendre le sens formel de la règle de droit. Elle consiste en la recherche de la signification et de la portée des textes juridiques en relation avec la présente étude. Cette méthode permet d'appréhender de manière claire les relations entre la Cour et la Commission africaines des droits de l'homme et des

---

[70] A. Kaplan, *The conduct of inquiry, methodology for behavioural science*, San Francisco, Chandler ed., cité par Madeleine Grawitz, *Méthodes des sciences sociales*, 11e édition, Dalloz, Paris 2001, p. 15
[71] J-L. Bergel, *op.cit.*
[72] E. S. de la Marnière, *Éléments de méthodologie juridique, Librairie du journal des Notaires et avocats*, 1976, Préface G. Vedel, n° 5, cité par J-L. Bergel, *op.cit.* p. 20.

peuples, tout en prenant appui sur les méthodes d'interprétation intrinsèque des textes juridiques notamment les méthodes systémique, fonctionnelle et historique.

La méthode systémique permet de comprendre la signification desdits textes par rapport aux autres textes régionaux. Quant à la méthode fonctionnelle, elle aide à analyser le fonctionnement des institutions. En ce qui concerne la méthode historique, il importe de préciser que le domaine des droits de l'homme est évolutif, raison pour laquelle les normes n'y sont jamais figées. Par conséquent, elle permet d'appréhender l'attitude évolutive des textes en vue de mieux les adapter aux exigences nouvelles de la société. À toutes fins utiles, le raisonnement juridique qui cadre avec la présente réflexion exige une combinaison de ces différentes méthodes.

La casuistique quant à elle, renseigne sur la confrontation de la règle de droit au réel. En réalité, le juge et le praticien appliquent la loi. La jurisprudence qui en découle a valeur de précédent et se prolonge souvent en règles générales. C'est dire qu'il est fait référence aux « décisions » des deux organes. Celles de la Commission africaine constituent une source d'inspiration pour la Cour africaine dans la construction et l'harmonisation de sa jurisprudence. De façon générale, la méthode juridique est soutenue d'une part, par une approche pragmatique et empirique de la mise en œuvre de la complémentarité entre les deux institutions, et d'autre part, par une approche comparative qui permet de porter un regard sur les instruments européens et interaméricains de même que sur leurs jurisprudences[73], afin d'avoir une meilleure

---

[73] Il est fait allusion à la jurisprudence de la Cour européenne des droits de l'homme, avant la réforme de 1998.

lecture du système africain de protection des droits humains.

Pour comprendre et donner une réponse à notre questionnement, nous mettrons en lumière les interrelations entre les instruments de protection des droits de l'homme en Afrique à partir d'une recherche documentaire. Nous avons travaillé avec les structures de protection des droits de l'homme[74], en vue de procéder à la collecte des documents relatifs à la protection internationale de ceux-ci. Il s'agit en l'occurrence des ouvrages, des revues, des colloques et des journaux[75]. Nous précisons également que nous avons eu recours à la recherche d'informations électroniques, notamment par les sites web.

L'idée directrice est axée sur la complémentarité entre la Commission et la Cour africaines des droits de l'homme et des peuples dans l'exécution de leurs missions. Nous nous proposons un plan bipartite pour la compréhension et la cohérence des idées. Il est en effet logique d'examiner d'une part, la complémentarité des fonctions des deux institutions au regard du droit substantiel dans la mesure où elles sont au service de la protection des droits de l'homme en Afrique. Il sera ainsi question d'adopter une approche essentiellement analytique, en examinant la complémentarité de leurs compétences, tant en matière consultative que contentieuse, telle que consacrée concurremment par les textes en vigueur **(Première partie).** Il s'agira d'autre part, d'examiner les rapports de complémentarité au regard du droit processuel. Aussi dans

[74] Il s'agit du Centre des Nations Unies pour les Droits de l'Homme et la Démocratie en Afrique Centrale, de la Commission nationale des droits de l'homme et des libertés (CNDHL), de l'Association pour la Promotion des droits de l'homme en Afrique Centrale (APDHAC).

[75] Juridis périodique, AHRLJ, journal de l'Union Africaine, Bulletin Interights.

une perspective beaucoup plus exégétique, il nous conviendra de faire une appréciation des relations et interrelations entre les deux organes tant au niveau de la saisine que de la recevabilité des requêtes **(Seconde partie).**

PREMIÈRE PARTIE :

LA COMPLÉMENTARITÉ DES FONCTIONS

En s'interrogeant sur la nécessité d'une Cour des droits de l'homme en Afrique, le Juge Keba M'baye relevait les insuffisances du mécanisme existant à savoir la Commission africaine des droits de l'homme et des peuples. Il s'exprimait ainsi sur le système africain de protection des droits humains en ces termes : *« il faut bien sûr reconnaître qu'il est loin d'être parfait. Il y manque notamment une Cour des droits de l'homme. Mais ce n'est pas une omission (...) Néanmoins, le moment est venu de revenir sur la question »*[76]. La création d'une Cour africaine des droits de l'homme et des peuples à l'image des deux précédents européen et américain, a pour objectif principal de combler les lacunes de la Commission africaine en matière de protection des droits de l'homme. La complémentarité entre la Commission et la Cour africaines a pour fondement juridique l'article 2 du Protocole qui dispose de manière générale que : *« la Cour, tenant dûment compte des dispositions du présent Protocole, complète les fonctions de protection que la Charte africaine des droits de l'homme et des peuples a conférées à la Commission africaine des droits de l'homme et des peuples ».*

La coexistence de ces deux institutions exige une clarification précise de leurs fonctions respectives. Alors que le mandat de protection de la Commission est énoncé de façon explicite à l'article 45 § 2, 3 et 4 de la Charte[77],

---

[76] K. M'Baye, *op.cit.* p. 266.

[77] L'article 45 de la Charte africaine dispose que *« La Commission a pour mission de : (...) ; **2**. Assurer la protection des droits de l'homme et des peuples dans les conditions fixées par la présente Charte ; 3. Interpréter toute disposition de la présente Charte à la demande d'un État partie, d'une Institution de l'OUA ou d'une Organisation africaine reconnue par l'OUA ; **4**. Exécuter toutes autres tâches qui lui seront éventuellement confiées par la Conférence des Chefs d'État et de Gouvernement ».*

l'article 2 du Protocole qui traite de la relation entre la Commission et la Cour ne prévoit pas de dispositions spécifiques quant aux fonctions particulières de chacun des mécanismes. On peut déduire de cet article que la fonction de la Cour se limite aux dispositions de la Charte africaine relatives à la protection des droits de l'homme. Ce qui voudrait par conséquent dire que, loin de remplacer la Commission, la Cour *renforce et complète*[78] les fonctions juridiques et protectrices de cette dernière dans la supervision de la Charte africaine. De ce fait, la Commission conserve son double mandat de promotion[79] et de protection des droits de l'homme. C'est-à-dire qu'il y a préservation des fonctions non contentieuses qui sont d'une importance considérable pour la protection des droits de l'homme comme le relève le Pr. M. Glelé Ahanhanzo : *« Cette mission est fondamentale et de son accomplissement dépendent l'avenir des droits de l'homme et l'avènement du règne du droit en Afrique »*[80].

La protection dont il est question constitue le point culminant de la garantie de l'effectivité des droits. Elle implique l'intervention des mécanismes en vue de contrôler le respect des engagements pris par les États, d'examiner les recours pour violations et, si ces dernières

---

[78] Selon les termes du Protocole, § 7 du Préambule.

[79] Article 45 § 1 de la Charte. La mission de promotion de la Commission *« consiste à diffuser, vulgariser, enseigner les droits de l'homme, afin que les différents compartiments de la société les aient constamment à l'esprit, pour que l'obscurité de leur ignorance ne produise plus des situations catastrophiques »*. Voir en ce sens A. D. Olinga « Les mécanismes internationaux de promotion et de protection des droits de l'homme », in *Migrations et protection des droits de l'homme*, Droit international de la migration, n°3, Genève, 2005, p. 34.

[80] M. Ahanhanzo. Glelé, Rapport général du colloque de Dakar sur *la Commission africaine de l'homme et des peuples*, Dakar 17-19 juin 1987, p. 8, cité par V. E. Yemet, *op.cit.*

sont établies ou avérées, d'indiquer les modalités de la sanction et la réparation des droits[81]. Ainsi, *« la Cour devrait ainsi être perçue davantage comme un mécanisme complémentaire plutôt qu'un mécanisme concurrent de la Commission »*[82]. Donc, dans l'exercice de leur mission de protection, les deux mécanismes se partagent des compétences aussi bien en matière consultative **(Chapitre 1)** que contentieuse **(Chapitre 2)** qui se complètent, s'emboîtent et concourent à l'efficacité de la protection des droits de l'homme.

---

[81] A.D. Olinga, « Les mécanismes internationaux de promotion et de protection des droits de l'homme », *op.cit.* p. 34

[82] N. Loum, *op.cit.* p. 28.

CHAPITRE I :

LA COMPLÉMENTARITÉ DES COMPÉTENCES CONSULTATIVES

La compétence consultative s'entend de la prérogative dont jouit un organe juridictionnel ou quasi juridictionnel à caractère international, de donner des avis relatifs à une question juridique. L'avis consultatif se définit donc comme *« une opinion émise sur une question de droit par un tribunal, à l'issue d'une procédure judiciaire, et qui n'est pas une décision »*[83]. La question juridique peut porter sur l'interprétation d'un instrument juridique notamment la Charte africaine ou son Protocole.

À ce sujet, il y a lieu de dire que la compétence à interpréter la Charte n'est plus du monopole de la Commission. Elle est désormais attribuée concurremment à la Commission et à la Cour africaines respectivement par les articles 45 § 3 de la Charte et 4 § 1 du Protocole. Il est vrai que *« lors de l'élaboration de la Charte africaine des droits de l'homme et des peuples, la forme de l'intervention de la Commission en matière consultative, n'a pas été précisée »*[84] alors que l'article 45 § 3 de la Charte africaine dispose qu'elle est compétente pour *« interpréter toute disposition de la Charte à la demande d'un État partie, d'une institution de l'O.U.A. ou d'une*

---

[83] G. Cornu, *op.cit.* p. 98.

[84] Article 45 § 1 (i) de la Charte africaine n'est pas très explicite à cet égard. Lire à ce sujet Ould Chena Ch. Sidi Mohamed, « La Cour africaine des droits de l'homme et des peuples : un processus de longue haleine », www.google.fr/search, s. l, s.d.

organisation africaine reconnue par l'O.U.A. »[85]. Il en est de même de la forme d'intervention en matière consultative des Commissions européenne et interaméricaine qui n'a pas été expressément formulée[86]. Par ailleurs, aux termes de l'article 45 § 1 (i), la Commission africaine a également une mission consultative auprès des États africains, qui consiste à émettre des avis et à faire des recommandations aux gouvernements[87].

L'article 4 § 1 du Protocole additionnel à la Charte dispose expressément qu'*« à la demande d'un État membre de l'OUA., de tout organe de l'OUA ou d'une organisation africaine reconnue par l'OUA, la Cour peut donner un avis sur toutes les questions juridiques concernant la Charte ou tout autre instrument pertinent relatif aux droits de l'homme, à condition que l'objet de*

---

85 Cette compétence est reprécisée par l'article 76 du Règlement intérieur de la Commission africaine (révisé).

86 Ex-article 31 de la CEDH. L'ex-Commission européenne assumait un rôle de « juridiction consultative » : elle constatait les faits et, surtout selon cette disposition elle *« formule un avis sur le point de savoir si les faits constatés révèlent, de la part de l'Etat intéressé, une violation des obligations qui lui incombent aux termes de la Convention ».* Voir en ce sens Frédéric Sudre, *Droit international et européen des droits de l'homme,* 1re édition Paris, PUF, 1989, p. 221.

87 Parmi les recommandations faites aux États, signalons celles relatives à l'intégration des dispositions de la Charte dans les législations nationales, les résolutions sur l'éducation en matière de droits de l'homme, la promotion et le respect du droit international humanitaire et des droits de l'homme et des peuples (14e session), la résolution sur le droit à un procès équitable et à l'assistance judiciaire (Déclaration de Dakar, 1999), la résolution sur l'adoption de la Déclaration des principes sur la liberté d'expression (2002), la résolution sur la protection des défenseurs des droits de l'homme en Afrique (2004), etc. voir Kebaya Ilunga : « De l'OUA à l'Union Africaine : Évolution, limites et défis de la protection des droits de l'homme en Afrique » p. 7 ; Source : http://www.droitshumains.org/, visité le 3 novembre 2008.

l'avis consultatif ne se rapporte pas à une requête pendante devant la Commission »[88].

Dans le cadre de leur mission conjointe, il paraît ainsi que ces deux organes sont pourvus par la Charte africaine et son Protocole additionnel de compétences partagées en matière consultative qui consistent à émettre des avis par rapport à toutes questions juridiques concernant l'interprétation de la Charte africaine ou tout autre instrument pertinent relatif aux droits de l'homme. Une lecture attentive de ces textes et des analyses des auteurs relativement à la question des rapports entre les deux organes, permet de montrer la consécration de la complémentarité de la compétence consultative entre les deux organes **(Section 1),** mais il importe de préciser son encadrement dans un contexte de dualité du système **(Section 2).**

Section 1 : Le partage des compétences consultatives

La consécration de la complémentarité à l'article 2 du Protocole attribue à la Commission et la Cour africaines le mandat de protection des droits de l'homme. Il est clair que les deux organes disposent des compétences quasi identiques de nature préventive. Il convient d'analyser les règles relatives à l'interprétation **(I)** et la portée des avis consultatifs rendus par ces deux organes sur le terrain de la protection des droits de l'homme en Afrique **(II).**

[88] La procédure relative à la demande d'avis consultatif devant la CAfDHP est exposée aux articles 68 à 73 du règlement intérieur de la Cour.

Paragraphe 1 : L'interprétation de la Charte africaine

« Toutes les normes juridiques appellent une interprétation en tant qu'elles doivent être appliquées »[89]. En effet, les instruments de protection des droits de l'homme ont ceci de particulier qu'ils ne s'en tiennent pas uniquement à la proclamation de ces droits, mais qu'ils veillent également à ce qu'ils soient effectivement mis en œuvre. C'est dans ce sens qu'ils mettent en place des instances formées de personnalités indépendantes par rapport aux États parties, chargées de contrôler la manière dont ces derniers s'acquittent des obligations qu'ils ont contractées. L'application de la règle ne peut se faire que si l'on a préalablement dégagé le sens, ce qui consiste précisément en une interprétation[90]. Cette compétence est généralement du ressort d'un organe juridictionnel, mais peut aussi être dévolue à un organisme de contrôle dépourvu de caractère juridictionnel à l'instar de la Commission africaine. C'est dans cette perspective que la Commission et la Cour africaines sont compétentes pour interpréter la Charte africaine. Que ce soit devant l'un ou l'autre organe, les entités habilitées à demander des avis sont quasi identiques[91]. Les demandes d'interprétation peuvent provenir des États et de nombreux organes **(A)**. Mais l'on peut s'interroger sur la valeur juridique de ce mécanisme consultatif d'interprétation **(B)** ?

---

[89] Hans Kelsen, *Théorie pure du droit,* trad. Charles Eisenmann, Dalloz, 2e édition, 1962, p. 454, cité par Patrick Waschsmann, « Les méthodes d'interprétation des Conventions internationales relatives à la protection des droits de l'homme », in *Les droits de l'homme et l'évolution du Droit international*, SFDI, Colloque de Strasbourg, 29, 30 et 31 mai 1997, Édition A. Pedone, Paris, 1998, p. 157.

[90] *Ibid.* p. 158.

[91] Au mois de décembre 2016, la Cr. ADHP a été saisie de douze (12) demandes d'avis consultatifs.

A. L'habilitation des entités requérantes

Le mécanisme africain de protection des droits de l'homme repose pour l'essentiel sur la Charte africaine des droits de l'homme et des peuples. La fonction protectrice de la Commission africaine consiste en l'interprétation de ce texte fondateur, c'est-à-dire donner une explication sur une ou plusieurs de ses dispositions à la demande d'un État partie ou d'une organisation africaine reconnue par l'UA. Désormais, elle est censée exercer cette fonction en coopération avec la Cour africaine. Sur ce, il convient de préciser qu'en tant qu'organe de l'UA[92], la Commission est compétente pour saisir la Cour africaine d'une demande d'avis. Avant de préciser leur complémentarité nécessaire à la protection des droits de l'homme en Afrique, il convient d'examiner les règles relatives à la compétence consultative qui concernent la qualité du requérant et l'objet de l'avis.

1. Les États membres de l'Union Africaine

Il importe de relever qu'au plan international, à l'inverse de la procédure contentieuse, la procédure consultative de la CIJ n'est pas ouverte aux États. Seules les organisations internationales y ont accès. Par contre, dans les systèmes régionaux de protection des droits de l'homme, la procédure consultative est de la compétence des États. En effet, tout État africain partie à la Charte africaine et membre de l'U.A. peut demander l'avis de la Commission ou de la Cour africaine sur les droits garantis par la Charte ou sur toute autre disposition d'un instrument juridique relatif aux droits de l'homme. Cette possibilité est également offerte aux États parties au Protocole créant la Cour. Il en est pourtant autrement du

[92] Article 30 de la Charte africaine.

système interaméricain de protection des droits de l'homme dans lequel tout État membre de l'OEA, sans être nécessairement partie à la CADH, peut solliciter l'avis de la CIADH[93]. La finalité de cette extension est la recherche de l'efficacité de la protection des droits de l'homme dans tous les pays.

Dans le système européen, la compétence consultative de la Cour européenne n'a pas été rénovée par le protocole n° 11 à ladite Convention. La Cour européenne demeure ainsi dotée d'attributions consultatives relatives à l'interprétation de la Convention et de ses Protocoles dont l'étendue est très réduite. Ne peut solliciter l'avis de la Cour que le Comité des ministres par voie de décision adoptée par les deux tiers (2/3) des représentants ayant le droit d'y siéger[94]. Ainsi, ni les États parties à la Convention ni les membres du Conseil de l'Europe ne peuvent lui demander de tels avis.

Il convient de préciser que la situation européenne est sensiblement moins favorable que celle qui existe dans les systèmes africain et interaméricain. Dans ce dernier système, la Cour a élargi la compétence consultative que lui confère l'article 64 de la Convention de San José considérant que cette disposition créait *« un système parallèle à la procédure contentieuse de l'article 62 et offrait une méthode judiciaire alternative de nature consultative »*[95]. Ce qui revient à dire que la Cour interaméricaine a principalement déployé son activité dans le cadre de sa compétence consultative. La compétence consultative ne s'exerce pas uniquement à l'égard des États membres de l'UA, la Charte et le Protocole ont

---

[93] Article 64 CADH.

[94] Article 1 § 1er du Protocole n° 2 à la CEDH, repris par l'article 47 §§ 1er et 3 de la CEDH révisée.

[95] F. Sudre, *op.cit.* 5e édition, p. 392.

conféré aux organisations africaines reconnues par l'UA la possibilité de solliciter les avis de la Commission ou de la Cour africaines.

2. Les organisations africaines reconnues par l'Union Africaine

Les articles 45 § 3 et 4 § 1 respectivement de la Charte et du Protocole ont donné aux organisations africaines la possibilité de solliciter l'avis de la Cour ou de la Commission sur toute question juridique relative à l'interprétation d'une ou plusieurs dispositions de la Charte ou de tout autre instrument juridique pertinent, à la seule condition que ces organisations soient reconnues par l'UA. Ces deux dispositions ne sont pas explicites. Par une interprétation, il y a lieu de penser qu'il ne s'agit pas seulement des organisations de défense et de protection des droits de l'homme, mais aussi des organisations d'intégration et des organisations économiques régionales[96]. À titre d'illustration, il s'agit de l'UA[97] et de ses organes[98]. Il importe de préciser que la Cour a apporté

---

[96] Notamment, l'Union du Maghreb arabe (UMA), la Communauté Economique des États de l'Afrique de l'Ouest (CEDEAO), la Communauté Economique et Monétaire des États de l'Afrique centrale (CEMAC), la Communauté Economique des États de l'Afrique centrale (CEEAC), la Communauté de l'Afrique de l'Est (CEA), le Marché Commun de l'Afrique Australe et Orientale (COMESA), Communauté pour le développement des États d'Afrique Australe (SADC), et l'Union Economique et Monétaire Ouest-Africaine (UEMOA).

[97] L'article 45 § 3 de la Charte africaine, tout comme l'article 4 § 1 du Protocole de Ouagadougou ne citent pas l'OUA ou l'UA parmi les entités habilitées à demander l'avis des deux organes. Mais selon les analyses faites par le juge K. M'Baye relativement à cette question, rien n'empêche l'UA de demander l'avis de la Commission ou de la Cour. Voir K. M'Baye, *op.cit.* p. 267.

[98] Il s'agit de l'Assemblée générale, de la Commission africaine, de la Conférence des Chefs d'État et de gouvernement…

des éclaircissements sur les organes de l'UA. Elle a eu à se prononcer sur la demande d'avis consultatif. Celle-ci est introduite par le Comité africain d'experts sur les droits et le bien-être de l'enfant au sujet du statut du Comité africain d'experts sur les droits et le bien-être de l'enfant devant la cour africaine des droits de l'homme et des peuples[99].

En effet, le Comité africain d'experts sur les droits et le bien-être de l'enfant (CAEDBE) a saisi la Cour sur la question de savoir s'il a qualité pour demander un avis consultatif, en vertu de l'article 4§ 1 du Protocole ? S'il fait partie des « organisations intergouvernementales africaines » visées à l'article 5 §1(e) du Protocole ? L'article 5§1 (e) du Protocole doit-il être interprété à la lumière des mandats respectifs de la Cour africaine et du Comité ? Le statut du comité devant la Cour en vertu de l'article 5 § 1 (e) du Protocole est-il conforme à l'objet et au but visés par le Protocole ? [100].

Sur ces questions, la Cour a décidé que le Comité est un organe de l'Union africaine pour demander un avis consultatif à la Cour en vertu de l'article 4 § 1 du Protocole. Le Comité n'est pas une organisation intergouvernementale au sens de l'article 5 § 1(e) du Protocole. La Cour est d'avis que le Comité devrait être habilité à la saisir directement en vertu de l'article 5 § 1 du Protocole[101]. Il importe de préciser qu'à la demande de la Conférence des Chefs d'État et de gouvernement de l'UA, la Commission africaine a été saisie d'une demande d'avis sur les préoccupations des États africains à propos de la

[99] Cr. ADHP, Requête no 002/2013 – Avis consultatif, Comité africain d'experts sur les droits et le bien-être de l'enfant (CAEDBE).
[100] § 8 de l'Avis consultatif CAEDBE.
[101] § 100 de l'Avis consultatif CAEDBE.

Déclaration des Nations Unies sur les droits des peuples autochtones[102].

Mais, il y a lieu de se demander si les ONG ont aussi la possibilité de solliciter l'avis de la Cour ou de la Commission au regard de leur nombre pléthorique dont le domaine d'activité principal est la défense et la protection des droits de l'homme. Cette question trouve sa réponse dans une interprétation extensive des articles 45 § 3 de la Charte et 4 § 1 du Protocole. Ces dispositions pourraient autoriser la demande d'avis consultatif des ONG. En effet, la Commission africaine reconnaît à certaines ONG un statut d'observateur. Ces ONG, à condition qu'elles soient africaines, pourraient, selon cette interprétation demander un avis consultatif à la Cour ou à la Commission sur une question juridique relative à la Charte Africaine, au Protocole ou sur tout autre instrument pertinent relatif aux droits de l'homme. Dès lors, si une telle analyse est acceptable, il est vrai que cette possibilité pourrait entraîner un encombrement du rôle de la Commission et de la Cour. Il s'agirait en fait d'une avancée considérable, mais encore faut-il que la question juridique soit pertinente.

Dans le cadre des rapports entre la Cour et la Commission, la Commission a la compétence pour solliciter l'avis de la Cour. Cette compétence est similaire à celle de la commission interaméricaine devant la CIADH[103] en tant qu'organe de l'OEA[104]. À la différence

---

[102] *Avis juridique de la Commission africaine des droits de l'homme et des peuples sur la Déclaration des Nations Unies sur les droits des peuples autochtones,* adoptée par la Commission africaine des droits de l'homme et des peuples lors de sa 41e session ordinaire tenue en mai 2007 à Accra au Ghana, www.africa-union.org.

[103] À l'instar de la demande de la Commission interaméricaine à la CIADH visant à faire déclarer la responsabilité d'un État pour ne pas s'être conformé à l'une de ses recommandations émises au titre de

du système européen, la compétence consultative est ouverte aux organes de l'OEA[105]. En réalité, toutes ces demandes portent sur des questions relatives aux droits de l'homme.

B. L'objet de la demande d'avis consultatif

Les textes africains relatifs aux des droits de l'homme ne précisent pas l'objet de la demande d'avis consultatif soumis à la Cour ou à la Commission. Le Protocole fait simplement allusion à toute *"question juridique"* concernant la Charte ou tout autre instrument pertinent relatif aux droits de l'homme. Il convient d'apporter des précisions sur la nature de la question juridique lorsqu'il s'agit d'une simple interprétation en vue de prévenir le conflit ou lorsqu'il s'agit d'interpréter pour régler un litige.

1. La nature de la question juridique en cas d'absence de litige

Après s'être assuré que le requérant est un organe reconnu par l'U.A. ou un État partie ayant ratifié la Charte et/ou le Protocole dûment habilité à demander l'avis consultatif de la Cour ou de la Commission, l'organe saisi ne se déclarera compétent que s'il estime que l'avis consultatif sollicité porte bien sur une *" question juridique "* au sens du Protocole. Si la question n'est pas

---

l'article 51 § 2 de la CADH (Arrêt du 8 décembre 1995, Caballero Delgado et Santana c/ Colombie).

[104] L'article 19 § (d) du Statut de la Commission interaméricaine des droits de l'homme dispose que la Commission a pour tâche *« de consulter la Cour sur l'interprétation à donner aux clauses de la Convention ou d'autres traités concernant la protection des droits de l'homme dans les États américains »*

[105] À savoir, l'Assemblée générale, les conseils, le Comité juridique interaméricain, le Secrétaire général et les organismes spécialisés.

juridique, l'organe en question n'a pas un pouvoir discrétionnaire en la matière, elle doit refuser de donner l'avis qui lui est demandé[106].

Par définition, une question juridique est une question *libellée en terme juridique qui soulève des problèmes de droit international et qui par sa nature même est susceptible de recevoir une réponse fondée en droit international*[107]. Ainsi, la question qui fait l'objet de la demande est une question juridique qui implique l'interprétation d'une ou de plusieurs dispositions de la Charte ou de tout autre instrument pertinent relatif aux droits de l'homme. La nature de la question juridique devant les organes africains de protection des droits de l'homme n'est pas définie. Les textes parlent simplement de l'interprétation de la Charte ou de tout autre instrument pertinent relatif aux droits de l'homme. Sur cette question, la Commission a eu à donner un avis juridique en 2007 sur la Déclaration des Nations Unies sur les droits de peuples autochtones. La Conférence des Chefs d'État et de gouvernement de l'UA a estimé que sur plusieurs aspects[108], cette Déclaration pourrait créer des tensions au sein des groupes ethniques africaines. La Commission s'est en effet basée sur les dispositions de la Charte[109] et sa jurisprudence en matière d'interprétation et relative aux

---

106 Solution retenue dans la CIJ dans l'avis consultatif du 20 juillet 1962, avis relatif à certaines dépenses des Nations unies, Recueil 1962

107 CIJ, avis consultatif du 16 octobre 1975, *Sahara occidental,* Recueil 1975 p. 12 ; avis consultatif du 8 juillet 1996, licéité de la menace ou de l'emploi d'armes nucléaires, CIJ 1996, p.226.

108 Il s'agit de l'absence de définition de l'expression « peuples autochtones », de l'autodétermination, des droits de propriété des terres et l'exploitation des ressources, de la création d'institutions politiques et économiques distinctes, de l'intégrité nationale et territoriale.

109 Articles 20 à 22 de la Charte.

droits des peuples à disposer d'eux-mêmes[110], pour montrer l'importance de la Déclaration et estime que sa contribution aiderait à dissiper certaines préoccupations concernant les droits humains et des peuples autochtones.

Par contre, dans le cadre de la prévention des conflits, la question juridique est bien précise et plus étendue dans le système interaméricain de protection des droits de l'homme. En plus de l'interprétation de la CADH ou de tout autre traité concernant la protection des droits de l'homme dans les États américains, la Cour interaméricaine peut être consultée à propos de la compatibilité de l'une quelconque des lois d'un État avec les instruments internationaux précédents[111]. Il s'agit de la compatibilité des lois déjà entrées en vigueur au moment du dépôt de la demande d'avis consultatif et aussi des projets de loi. À titre d'illustration, le gouvernement du Costa Rica a sollicité en 1984 un avis consultatif de la Cour au sujet de certains amendements proposés par la Constitution Costaricienne et qui étaient discutés au sein de l'Assemblée consultative de cet État[112]. La Cour a examiné la demande afin de déterminer si celle-ci a pour but d'aider l'État requérant à mieux se conformer à ses obligations internationales en matière des droits de l'homme. C'est sur cette base qu'elle a accepté d'émettre l'avis sollicité. Il convient de préciser cependant que seuls les États membres de l'OEA peuvent demander des avis concernant la compatibilité des lois à la CADH et aux

---

[110] Communication 75/92, Congrès du Peuple Katangais c/ Zaïre, 1995, 8e Rapport d'activités de la Commission africaine des droits de l'homme et des peuples.

[111] Article 64 §§ 1 et 2 de la CADH

[112] IACHR, proposed amendements to the naturalisation provisions of the constitution of Costa Rica, OC-4/84, January, 19, 1984, série A n° 4, § 14, cité par Kaouther Debbeche et Imen Gallala, « La Cour interaméricaine des droits de l'homme », in *Justice et juridictions internationales, op.cit.* p. 261.

autres instruments des droits de l'homme. Les organes de l'OEA en sont exclus. Il s'agit d'une exclusion qui s'explique par la nature exceptionnelle de l'objet de la consultation. Cet objet est le propre du système interaméricain puisqu'on ne le rencontre ni dans la compétence consultative de la CIJ ni dans celle de la Cour européenne, encore moins dans le système africain.

Toutefois, en s'inspirant de cette pratique de la Cour interaméricaine, la Commission africaine précise que sa compétence ne va pas jusqu'à la formulation d'un avis sur la légalité ou la constitutionnalité ou autre des lois nationales. En fait, *« lorsque la Commission estime qu'une mesure nationale est incompatible avec la Charte africaine, son avis oblige l'État concerné à rétablir la conformité dans le respect des dispositions de l'article 7 »*[113].

Dans le système européen, le champ de la compétence consultative au niveau de l'objet de la demande est très limité. Les avis ne peuvent porter ni sur des questions relatives au contenu ou à l'étendue des droits et libertés définis dans la Convention et ses Protocoles, ni sur les autres questions dont les organes de la Convention seraient appelés à la suite de l'introduction d'un recours[114]. Ainsi, les questions les plus importantes sont soustraites du domaine *ratione materiae* de la compétence consultative de la Cour.

En somme, il convient de remarquer que relativement à la compétence des organes africains s'étendant à toutes les

---

[113] Communication 224/98, Media Rights Agenda c/ Nigeria, 6 novembre 2000, § 68, cité par A. D. Olinga, « Les emprunts normatifs de la Commission africaine des droits de l'homme et des peuples aux systèmes européen et interaméricain de garantie des droits de l'homme », *op.cit.* p. 516.

[114] Article 47 § 2 de la CEDH révisée.

questions juridiques qui concernent la Charte, le Protocole et les autres textes pertinents, il serait approprié que l'objet de la consultation soit bien défini et qu'à l'instar du système interaméricain, seuls les États puissent poser des questions sur les incompatibilités des lois nationales à la Charte africaine. Outre cette possibilité ouverte aux États africains, à l'UA et à ses organes, de demander des avis consultatifs de la Commission et de la Cour africaines en dehors de toute situation contentieuse, il peut arriver que celles-ci soient plutôt saisies en cas d'existence de conflit.

2. La nature de la question juridique en cas de litige

La question juridique sur laquelle l'avis consultatif est demandé peut également correspondre à l'existence d'un véritable différend.[115] Dans ce cas, l'objet de la demande constitue un différend entre les États membres d'une organisation (UA, OEA par exemple) ou entre les États membres et la Commission. Mais il est important de distinguer ici la procédure consultative de la procédure contentieuse comme c'est le cas dans le système interaméricain. Dans la procédure consultative, lorsqu'il s'agit d'une demande d'avis en cas de litige, il n'y a pas de partie à l'affaire puisqu'il n'y a ni plaideur ni défendeur. Aucun pays n'est tenu de défendre des accusations formelles, en ce sens qu'aucune sanction juridique n'est envisagée et ne peut être ordonnée. L'organe saisi doit vérifier l'exactitude des allégations relatives aux violations des dispositions de la Charte.

Face à cette situation, la Cour interaméricaine a fait preuve d'audace en estimant que l'existence d'un

---

115 La CIJ par exemple a déjà eu à répondre à une demande d'avis consultatif qui, selon les circonstances, était liée à l'existence d'un différend entre États. Voir en ce sens l'affaire du Sahara Occidental, précitée.

différend entre la Commission et un État membre, à propos de l'interprétation d'une disposition, ne prive pas la Commission de la faculté de demander l'avis de la Cour à ce propos[116]. Ceci se justifie par le fait que dans le système interaméricain actuel, la Commission cherche à être éclairée par la Cour sur un point de droit pour pouvoir mieux s'acquitter de la fonction de protection des droits de l'homme. La Cour interaméricaine a ainsi donné suite à sa demande[117]. Dans le cadre des rapports entre la Commission et la Cour africaines une telle démarche serait louable. S'il s'agit d'un différend entre la Commission et la Cour africaines, la Cour sera appelée à éclairer la Commission. Mais lorsque le différend existe entre États membres de l'UA, en cas de saisine de l'un des deux organes, l'organe saisi aura la compétence à donner son avis. Dans un cas comme dans l'autre, il serait judicieux d'éviter que la compétence consultative ne se transforme en une *« compétence contentieuse déguisée »*[118].

[116] En vertu de l'article 64 de la CADH, la CIADH est habilitée à donner des avis consultatifs à propos de cette convention et à la demande de tout État membre de l'OEA ou d'un des organes mentionnés au Chapitre X de la Charte de l'OEA parmi lesquels figure la Commission.

[117]CIADH, avis consultatif, restriction de la peine de mort, n° OC-3 / 83 du 8 septembre 1983, § 22.

[118] *Ibid.* § 25. Partant d'une expérience de la CIJ qui a systématiquement rejeté les demandes tendant à faire renoncer à l'exercice de la compétence consultative en présence des situations qualifiées d'affaires déguisées, la Cour interaméricaine estime qu'en agissant ainsi, la Cour de la Haye a reconnu que l'avis consultatif pouvait affecter l'intérêt des États qui n'ont pas accepté la compétence contentieuse et qui ne sont pas disposés à soumettre un litige à la procédure judiciaire. ; cité par F. Quilleré-Majzoub, *op.cit.* p. 749.

Paragraphe 2 : La portée des avis consultatifs

L'avis consultatif n'est pas un acte juridictionnel. Ne possédant pas la force obligatoire de l'arrêt, il ne s'analyse pas comme une décision, mais plutôt comme une opinion donnée par une instance quasi juridictionnelle ou juridictionnelle, destinée à éclairer l'État ou l'organe qui la consulte. En principe, un avis consultatif est dépourvu de force obligatoire **(A).** Mais il importe de préciser qu'à titre exceptionnel, il peut revêtir un effet obligatoire **(B).**

A. Le principe : Le caractère déclaratoire des avis consultatifs

L'exercice de la compétence consultative par la Commission et la Cour africaines contribue à la consécration d'un droit essentiellement préventif. Il consiste à prévenir le contentieux. À travers les avis, la Commission et la Cour amènent les États africains à se conformer aux dispositions de la Charte africaine, du Protocole et de tout autre texte pertinent relatifs aux droits de l'homme et dont ils sont parties. Dans leur caractère intrinsèque, ces décisions sont plus incitatives qu'obligatoires. L'avis consultatif a un caractère définitif. Mais ni la Charte, ni le Protocole ne précisent la nature des avis rendus par la Commission ou par la Cour. À l'instar de ceux des deux autres Cours régionales, les avis rendus par la Commission et la Cour africaines n'ont pas d'effet obligatoire. Ils manquent ainsi d'*obligatoriété*[119] et par conséquent, ne lient ni les États ni les organes de décision.

En principe, ils ne sont pas dotés de l'autorité de la chose jugée, mais plutôt de l'autorité de la chose constatée

[119]Ce concept renvoie à l'absence d'une force contraignante propre aux avis consultatifs contrairement aux décisions de justice qui ont une force contraignante et obligatoire.

ou de la chose interprétée[120]. N'étant pas un acte juridictionnel, l'avis consultatif ne possède pas la force contraignante que peut revêtir un arrêt. Les avis émis par la Cour et la Commission africaines s'analysent comme de simples opinions destinées à éclairer un État membre de l'UA, un organe de l'UA ou une organisation africaine reconnue par l'UA qui les a saisis. Cette solution avait déjà été dégagée par la CIJ dans son avis consultatif du 30 mars 1950 relatif à l'interprétation des traités de paix en ces termes *« la réponse de la Cour n'a qu'un caractère consultatif ; comme telle, elle ne saurait avoir d'effet obligatoire ».*[121]

En tant qu'organe quasi juridictionnel, la compétence consultative de la Commission ne donne pas véritablement naissance à des avis[122]. Selon l'analyse du Juge Fatsah Ouguergouz, *« la valeur juridique d'une interprétation de la Charte africaine par la Commission africaine ne devrait pas dépasser celle d'une recommandation (...). On peut difficilement concevoir que son interprétation soit juridiquement opposable à un État, que celui-ci l'ait ou non sollicitée. Cette interprétation sera toutefois incontestablement investie d'une autorité morale que les États parties ne pourront pas facilement ignorer »*[123]. En réalité, il convient de relever que *« les interprétations de la Commission africaine resteront toujours moins*

---

[120] Patrick Waschsmann, *op.cit.* p. 160.

[121] CIJ, avis consultatif du 30 mars 1950 relatif à l'interprétation des traités de paix, Recueil 1950.

[122] Il s'agit plutôt des directives et des recommandations.

[123] Fatsah Ouguergouz, *Les mécanismes internationaux de protection de la personne humaine en Afrique. Gros plan sur la Commission africaine des droits de l'homme et des peuples,* in L'observateur des Nations Unies, n° 10, Printemps-été 2001, pp. 136-137, cité par A. D. Olinga, « Les emprunts normatifs de la Commission africaine des droits de l'homme et des peuples aux systèmes européen et interaméricain de garantie des droits de l'homme », *op.cit*, p. 517.

"contraignantes" moralement que les "vrais avis" de la Cour africaine »[124].

B. L'exception : la force obligatoire des avis

À titre exceptionnel, les avis consultatifs peuvent avoir un effet obligatoire. Il peut se produire que des avis consultatifs acquièrent force obligatoire, mais sur le fondement de certains instruments internationaux[125]. Hors mis ces situations qui malheureusement ne s'appliquent pas en matière de protection internationale des droits de l'homme, peut-il arriver que les avis soient placés sur le même plan que les arrêts dans la consolidation de la jurisprudence de la Cour ou de la Commission africaines ?

La pratique montre que le prestige moral de la Commission ou de la Cour confère aux avis consultatifs une autorité certaine. Dans les systèmes africains et interaméricains, le principe de bonne foi veut qu'aucun État s'étant engagé à respecter les droits proclamés par

---

[124] F. Quilleré-Majzoub, *op.cit.* p. 753.

[125] C'est particulièrement dans le système des Nations Unies, où l'article XII du Statut du Tribunal administratif de l'OIT et la section 30 de la Convention sur les privilèges et immunités des Nations Unies constituent des fondements des avis administratifs obligatoires. L'article XII prévoit que l'avis consultatif rendu par la Cour aura force obligatoire lorsqu'elle est saisie d'une demande de reformation d'un jugement du tribunal de l'OIT la section 30 prévoit quant à elle que l'avis consultatif de la Cour sera accepté par les parties comme décisif lorsqu'il lui est soumis par voie consultative un différend entre l'ONU d'une part, et un membre d'autre part, sur différent point de droit relatif à la Convention sur les privilèges et immunités. Voir aussi L'article 37 § 2, de l'Acte constitutif de l'OIT qui précise qu'à défaut de soumettre à la CIJ un litige relatif à l'interprétation de la Charte constitutive ou des conventions conclues sous les auspices de l'OIT, le Conseil d'administration peut soumettre à une juridiction spéciale ; celle-ci sera liée par tout jugement et tout avis consultatif de la CIJ pertinent.

lesdits instruments ne dénie les résolutions prises par ces organes de contrôle et de protection des droits de l'homme. Leurs avis pourront constituer un élément d'interprétation dynamique ou progressiste des conventions relatives aux droits de l'homme comme le pense le Juge Pedro Nikken[126]. Les Professeurs Alain Pellet et Patrick Daillier vont dans le même sens lorsqu'ils affirment que les avis consultatifs contiennent au surplus l'une des composantes de tout acte juridictionnel, à savoir la constatation du droit en vigueur[127]. Tel sera le cas par exemple des avis consultatifs rendus par la Cour africaine qui, de par son autorité juridictionnelle, aura force obligatoire à l'endroit des États parties au Protocole de Ouagadougou. En tout état de cause, de par la légitimité de l'instance qui les a faites, ces interprétations bénéficient d'une présomption de qualité et feront autorité du point de vue strict de l'argumentation juridique sur les questions des droits humains. Aussi, un tel résultat peut être atteint par l'acceptation de l'avis par les États intéressés[128].

Par ailleurs, la force morale des avis consultatifs est renforcée par l'obligation de motiver qui pèse sur l'organe en question et par la possibilité pour les juges d'y joindre leurs opinions individuelles ou dissidentes[129]. La motivation est indispensable à la qualité de la justice. Elle est un rempart contre l'arbitraire, en ce sens qu'elle procure au plaideur une justification de la décision et permet de procéder à une analyse scientifique de la jurisprudence. En fait, il ne suffit pas que l'on fonde l'espoir sur la bonne foi des États dans l'exécution des

---

[126] Pedro Nikken, *op.cit.* p. 109.
[127] Patrick Daillier et Alain Pellet, *Droit international public*, LGDJ, 7e édition, 2002, p. 911.
[128] C'est le cas de l'avis de la CPJI de 1923 sur les Décrets de nationalité, série B n° 4, (France c/Royaume-Uni).
[129] Article 4 § 2 du Protocole.

avis de la Commission et de la Cour, encore faut-il que ces deux organes puissent harmoniser leurs points de vue dans le cadre de l'exercice de leurs fonctions respectives. Au regard des textes africains actuels, le constat est clair que l'attribution de la compétence consultative concurremment à la Commission et à la Cour africaines risque de créer de graves dysfonctionnements dans le système. Dès lors s'impose la nécessité de l'encadrement du partage de cette compétence.

Section 2 : L'encadrement de la complémentarité des compétences consultatives

Dans le cadre des relations de travail entre la Commission et la Cour africaines des droits de l'homme et des peuples, la compétence consultative est complémentaire malgré le risque de concurrence. La compétence consultative de la Commission étant limitée à la Charte africaine, celle de la Cour africaine est selon les termes des articles 3 et 7 du Protocole très large. Il est clair que cet élargissement de la compétence de la Cour africaine lui permet de voler au secours de la Compétence de la Commission à la seule condition que les deux organes respectent la condition posée par l'article 4 § 1 du Protocole qui veut que l'avis de la Cour ne se rapporte pas à une question pendante devant la Commission. Les rapports de complémentarité entre les deux organes dans ce domaine sont en effet conditionnés par l'évitement du risque de conflit **(I)**, car une réelle coopération permettra d'harmoniser leurs vues pour aboutir à des interprétations compatibles **(II)**.

Paragraphe 1 : L'évitement de la compétition dans l'exercice de la compétence consultative

La compétence de la Cour relative à l'interprétation n'est pas exclusive au sens de l'article 45 § 3 de la Charte. En effet, la Commission a pour mission d'interpréter également toute disposition de la Charte à la demande d'un État partie, d'une institution de l'OUA ou d'une organisation africaine reconnue par l'OUA. La compétence de la Commission étant ainsi limitée à la Charte, la Cour africaine peut avoir à connaître des requêtes portant sur les mêmes problèmes, c'est-à-dire des questions se rapportant à l'interprétation des mêmes dispositions de la Charte et que des interprétations qui en découlent diffèrent. Il faut relever ici qu'au regard de la configuration actuelle des textes, il ne serait pas surprenant que tout litige sur l'interprétation faite par la Commission soit soumis à la Cour, du fait de la limitation de son pouvoir d'interprétation. C'est cette possibilité de soumission de l'affaire à la Cour qui semble créer toute une autre polémique, dans la mesure où des interrogations persistent. La Cour doit-elle revenir sur l'interprétation faite par la Commission ?

Le Protocole à la Charte africaine reste muet sur cette concurrence de compétence. Elle a été soulignée par de nombreux auteurs dont les analyses sont tout à fait pertinentes[130]. Car, le risque de compétition qu'ils soulignent est bien réel puisque ni la Charte ni le Protocole ne fixent de quelconques directives d'interprétation, la condition de l'article 4 du Protocole n'étant pas très

---

[130] Voir en ce sens M. Mubiala, « La Cour africaine des droits de l'homme et des peuples : mimétisme institutionnel ou avancée judiciaire ? », *op.cit.* p. 773 ; F. Quilleré-Majzoub, *op.cit.* pp. 751-754 ; N. Chaouachi, *op.cit.* p. 279.

explicite à cet égard. Il s'agit en fait d'une mise en garde, au risque d'arriver à de graves dysfonctionnements tels que les conflits de compétence, les concurrences inutiles, les compétitions indues ou double emploi. Pour éviter de pareilles situations, le Protocole de Ouagadougou consacre la règle *non bis in idem* dont la teneur est pertinente pour le déploiement des interrelations entre les deux organes **(A)**. En réalité, il s'agira surtout pour la Commission de ne pas faire obstacle à la compétence de la Cour africaine **(B)** comme le souligne Mme Fabienne Quilleré-Majzoub[131].

A. La prise en compte de la règle non *bis in idem*

Le Protocole additionnel à la Charte africaine pose comme unique condition que l'objet de l'avis soumis à la compétence consultative de la Cour ne se rapporte pas à une question pendante devant la Commission. Sans toute autre précision, cette condition a suscité de nombreuses interrogations quasi similaires en disposant que : *« la Cour peut donner un avis sur toute question juridique concernant la Charte ou tout autre instrument pertinent relatif aux droits de l'Homme, à condition que l'objet de l'avis consultatif ne se rapporte pas à une requête pendante devant la Commission »*[132].

À la vérité, cette condition peut tout de même constituer un grand espoir pour le système africain de protection des droits de l'homme en ce sens qu'il existe deux organes dotés des mêmes compétences sur les mêmes questions se rapportant à la Charte. Ceci pourrait éviter les lenteurs de procédure dans la mesure où les requérants auront le choix de demander l'avis de l'un ou de l'autre organe sur une question d'interprétation donnée. L'opportunité de saisine de ces organes dépend des

---

[131] F. Quilleré-Majzoub, *op.cit.* p. 753

[132] Article 4 § 1 du Protocole à la Charte africaine.

intérêts personnels des requérants qui doivent comprendre qu'il est impossible de saisir les deux à la fois. C'est dans cette logique qu'il y a lieu de souligner que, lorsque la règle posée par l'article 4 § 1 du Protocole n'est pas respectée, elle peut créer de nombreuses difficultés ; car dans le but d'éviter des interprétations incompatibles, les deux organes vont se déclarer incompétents.

En outre, l'on peut penser que la solution adoptée dans le cadre américain est intéressante pour la protection des droits de l'homme, dans la mesure où un avis rendu par la Commission interaméricaine pourra également être porté devant la Cour. L'interprétation étant par nature l'œuvre du juge, celui-ci dispose des pouvoirs assez étendus en la matière. Dans le but de prôner une meilleure protection des droits de l'homme en Afrique, les deux organes devraient harmoniser leurs vues pour aboutir à des interprétations compatibles. Ceci permettrait d'obvier le risque de concurrence comme l'a suggéré M. Mutoy Mubiala[133]. Cette proposition est intéressante à plus d'un titre. Elle pourra faciliter l'uniformité jurisprudentielle en matière consultative. Les deux institutions devront de ce fait renforcer leur collaboration dans l'optique de trancher de façon uniforme les différends d'ordre consultatif. Par contre, pour d'autres auteurs, il serait préférable d'amender l'article 45 de la Charte dans le but d'extirper à la Commission sa compétence consultative au profit de la Cour[134], c'est-à-dire de réduire le champ des compétences partagées. Cette solution est loin d'être louable dans la mesure où l'avis de la Commission constitue une source

[133] Voir M. Mubiala, « La Cour africaine des droits de l'homme et des peuples : mimétisme institutionnel ou avancée judiciaire ? », *op.cit.* p. 773.

[134] N. Chaouachi, *op.cit.* p. 279 et Hamid Boukrif, « la Cour africaine des droits de l'homme et des peuples : un organe judiciaire au service des droits de l'homme et des peuples en Afrique », *RADIC,* 1998, p. 72.

d'inspiration pour le juge même s'il ne le lie aucunement. À dire vrai, l'amendement est donc sans lieu.

Il serait à ce propos judicieux de s'inscrire dans la logique du système interaméricain de protection des droits de l'homme, où il y a coexistence entre la Commission et la Cour en matière consultative. Dans cette optique, il serait plus habile que la Commission joue le rôle de première instance et la Cour, celui d'instance suprême qui statuerait sur les avis de la Commission, dans l'optique de permettre aux requérants d'épuiser leurs voies de recours. Dans ce cas, le risque de dysfonctionnement ou de concurrence sera minoré, ce d'autant plus que le respect de la règle *non bis in idem* qui veut que l'avis de la Cour ne se rapporte pas à une question pendante devant la Commission, permettra de prévenir l'incompatibilité en matière consultative.

Il serait plutôt souhaitable que la Commission africaine émette systématiquement des observations sur toutes les demandes d'avis soumises à la Cour africaine afin de prendre réellement en compte le travail d'interprétation déjà effectué par elle[135]. Cette solution appropriée permet de constater que dans leurs interrelations, les deux organes doivent se contrôler mutuellement. En réalité, la Cour africaine étant un mécanisme complémentaire et non concurrentiel de la Commission, les avis rendus doivent se valoir sur le terrain de la protection des droits de l'homme et non se concurrencer.

B. L'affirmation du caractère non concurrentiel des avis

L'article 4 du Protocole qui précise que l'avis de la Cour ne doit pas se rapporter à une question pendante

---

[135] F. Quilleré-Majzoub, *op.cit.*

devant la Commission est essentiel dans les rapports entre les deux institutions. Cela dit, l'une ou l'autre devrait exercer ses compétences en matière consultative en toute indépendance, mais en harmonisant leurs points de vue. Il importe de préciser que, pendant que la Commission donne un avis ou fait une recommandation sur une question qui lui est soumise, la Cour devrait se garder d'intervenir et vice versa. Elle devrait se contenter de l'exercice de sa fonction consultative, car les solutions données se valent. Ainsi, leurs avis et recommandations ne devraient en principe pas se concurrencer, d'où leur nature complémentaire.

De toute évidence, la Commission africaine ne devrait pas faire obstacle à la compétence consultative de la Cour africaine. Il lui appartient de défendre sa compétence en saisissant automatiquement la Cour de toutes demandes en interprétation dont elle pourrait faire l'objet de la part des États parties au Protocole additionnel à la Charte africaine. De plus, dans le cadre de la relation complémentaire entre les deux organes, la Commission africaine a tout le droit de saisir la Cour pour obtenir son aval sur toutes les questions d'interprétation qu'elle a pu émettre. Ainsi, les positions qu'elle a pu défendre se trouveront sans doute confirmées. De même, elle participera à l'édification réelle de la Cour africaine et enfin, elle permettra ainsi à certaines questions laissées en suspens, parce que se trouvant hors du champ d'application de la Charte, de trouver une solution adéquate.

Une telle complémentarité devra impérativement se matérialiser au risque, si elle n'existe pas, de voir la compétence de la Cour en matière consultative rester à l'état d'embryon comme dans le système européen et non se développer avec succès, dynamisme et efficacité comme dans le cadre du système interaméricain de protection des droits de l'homme[136]. C'est ainsi que les textes américains sont assez explicites et déclarent irrecevable toute requête qui fait substantiellement double emploi avec une précédente pétition ou communication déjà examinée par la Commission ou par un autre organisme international[137]. En tout état de cause, la Commission et la Cour interaméricaines se rassurent toujours que l'objet de la communication ne soit pas en cours d'examen devant l'un et l'autre de ces organes ou devant une autre instance internationale.

De telles perspectives illustratives et suffisamment explicites seraient pertinentes si elles sont prises en compte dans les textes africains de protection des droits de l'homme. Pour l'instant, afin éviter de façon générale toute divergence d'interprétation entre la Commission et la Cour africaines, les deux organes doivent fournir des efforts pour établir une réelle coopération en respectant la condition de l'article 4 du Protocole. Mais en attendant que les textes à venir se chargent de répartir clairement les compétences en la matière, s'impose la nécessité d'harmonisation des points de vue dans l'optique d'établir une jurisprudence uniforme en la matière.

Paragraphe 2 : L'harmonisation des points de vue par l'élargissement de la compétence de la Cour africaine

Le droit substantiel applicable devant la Cour africaine tel qu'il ressort des dispositions des articles 3 § 1 et 7, consacre un élargissement de la compétence *ratione materiae* de cet organe juridictionnel. Il convient de préciser les fondements **(A)**, le contenu et la portée de cette extension **(B)** qui est d'une très grande importance

136 F. Quilleré-Majzoub, *op.cit.* p. 754.
137 Article 47 § (d) de la CADH.

dans le renforcement de la compétence de la Commission africaine si les deux organes parvenaient à fonder une harmonisation de leurs vues.

A. Les fondements de l'extension de la compétence de la Cour

L'élargissement de la compétence *ratione materiae* de la Cour a d'une part un fondement textuel et d'autre part, sa nature juridictionnelle l'amène à jouir d'une plus grande compétence à interpréter.

1. Le cadre normatif

Il s'agit d'une innovation du nouveau système africain de protection des droits de l'homme. En effet, l'article 3 du Protocole de Ouagadougou dispose : *« La Cour a compétence pour connaître de toutes les affaires et de tous les différends dont elle est saisie concernant l'interprétation et l'application de la Charte, du présent Protocole, et de tout autre instrument pertinent relatif aux droits de l'homme et ratifié par les États concernés »*. Le même Protocole ajoute à l'article 7 que : *« la Cour applique les dispositions de la Charte ainsi que tout autre instrument pertinent relatif aux droits de l'homme et ratifié par l'État concerné »*. Ces dispositions ont été reprises par l'article 26 § 1 du Règlement intérieur de la Cour africaine. Manifestement, il s'agit d'un *« corpus normatif extensible et potentiellement incontrôlable »*[138] qui ouvre *« un champ de compétence indéterminée »*[139] à

---

[138] A. D. Olinga, « Les emprunts normatifs de la Commission africaine des droits de l'homme et des peuples aux systèmes européen et interaméricain de garantie des droits de l'homme », *in Revue trimestrielle des droits de l'homme*, 16e année, n° 62, 1er avril 2005, *Némésis*, Bruylant, p. 501.

[139] Voir en ce sens J. L. Atangana, *op.cit.* p. 176.

la Cour africaine. Cette perméabilité est inspirée du modèle interaméricain des droits de l'homme[140], alors que, classiquement ; la compétence *ratione materiae* de la Cour européenne se limite à l'interprétation de la Convention et de ses Protocoles[141].

Ces normes de référence du contrôle et de la protection des droits de l'homme conférées à la Cour consacrent la déclinaison la plus large que l'on puisse rencontrer dans un instrument de protection des droits de l'homme. En réalité, l'extension de la compétence *ratione materiae* de la Cour signifie que lorsqu'un cas de violation des droits de l'homme est porté à sa connaissance, l'État visé voit l'affaire examinée au regard de l'ensemble des instruments conventionnels des droits de l'homme qui le lient au plan universel ou régional et non uniquement en rapport avec la Charte africaine. Elle se justifie par la nature juridictionnelle de la Cour africaine.

2. La nature juridictionnelle de la Cour africaine

La compétence juridictionnelle de la Cour africaine à interpréter et à appliquer la Charte et les autres instruments pertinents relatifs aux droits de l'homme constitue, à la lumière des dispositions sus évoquées, un champ de compétence très vaste puisqu'il s'agit d'une Cour des droits de l'homme dotée des prérogatives d'une juridiction internationale. En effet, de par cette nature[142], la Cour africaine jouit d'une plus grande compétence à interpréter et à sanctionner les violations des dispositions d'un plus grand nombre d'instruments par rapport à la Commission dont la fonction est cantonnée à

---

[140] Article 64 § 1 de la CADH.

[141] Article 32 de la CEDH révisée.

[142] La Cour africaine est un organe juridictionnel jouissant d'une indépendance fonctionnelle.

l'interprétation de la Charte. Le domaine de compétence indéterminée vise à combler les lacunes de la Charte, puisque la Commission s'inspirait uniquement du préambule et des articles 60 et 61 de ladite Charte, alors que la Cour s'inspire non seulement de ces dispositions et d'autres textes pertinents relatifs aux droits de l'homme, mais elle peut également sanctionner les violations des normes établies par d'autres conventions que la Charte[143]. Selon les articles 3 et 7 du Protocole, il apparaît que les rédacteurs de ce texte n'ont pas voulu limiter les compétences de la Cour au corpus de Charte et du Protocole. En réalité, même lorsque les articles 60 et 61 de la Charte donnent à la Commission un domaine d'interprétation apparemment vaste, elle s'en inspire, mais n'est pas dotée d'un pouvoir de sanction.

En tout état de cause, même si ce domaine de compétence indéterminée de la Cour a été beaucoup critiqué[144], l'on peut se réjouir de cette possibilité

---

[143] Roland Adjovi, Note de lecture de l'ouvrage de Fatsah Ouguergouz, *The african Court on human and people's rights. A comparative Agenda for human dignity and sustainable democraty in Africa.* The Hague, Kluwer international law, 2003, in Revue d'analyse juridique de l'actualité internationale, septembre 2004, http:// www. ridi.org/adi

[144] Comme le pensent certains auteurs, la phrase ''tout autre instrument pertinent'' dans ces articles devait être interprétée comme limitant la compétence de la Cour aux textes africains. Ainsi, M. Mubiala, « La Cour africaine des droits de l'homme et des peuples : mimétisme institutionnel ou avancée judiciaire ? », *op.cit.* p 772, Christof Heyns, « Le rôle de la future Cour africaine des droits de l'homme et des peuples », in *L'application nationale de la Charte africaine des droits de l'homme et des peuples*, Jean-François Flauss et Élisabeth Lambert-Abdelgawad (Dir.), Institut international des droits de l'homme, Collection Droit et Justice, Bruylant 2004, p.241) ; Olivier Delas et Eugène Ntaganda, « La création de la Cour africaine des droits de l'homme et des peuples : mécanisme efficace de protection des droits de l'homme ? », Revue *québécoise de droit*

avantageuse offerte à la Cour, puisqu'il s'agit en réalité d'une avancée considérable [145] et déterminante dans la relation Commission/Cour au sein du système africain de protection des droits de l'homme. Quels sont donc le contenu et la portée de cette extension de compétence sur les interactions entre la Commission et la Cour africaines des droits de l'homme et des peuples ?

B. Le contenu et la portée de l'extension de la compétence de la Cour africaine

La grande innovation du Protocole est que la Cour africaine est compétente pour interpréter et appliquer les instruments de protection des droits de l'homme autres

---

international, vol. 2, n° 12, 1999, p.113, se fondent sur le fait que les articles 3 et 7 ne précisent pas s'il s'agit des textes régionaux ou internationaux. Il y a lieu de penser qu'une telle approche va s'avérer impertinente dans la mesure où en cas de contestation sur une telle question, la Cour jouit d'un pouvoir discrétionnaire lui permettant de décider de sa propre compétence (article 3 § 2 du Protocole). Donc, il serait souhaitable pour la Cour africaine de rejeter cette approche restrictive afin de pouvoir se référer à un grand nombre d'instruments africains ou régionaux africains et internationaux auxquels les États africains sont parties.
Par contre, pour d'autres, à l'instar de S. Kowouvih, "*la compétence rationae materiae de la Cour est dangereusement élargie*" dans la mesure où elle peut causer de nombreuses difficultés. Le problème se poserait si une affaire relative à l'interprétation déclarée recevable devant la Commission sur la base de la Charte africaine est par la suite tranchée par la Cour sur la base d'un autre texte international relatif aux droits de l'homme, la déclaration de la Commission sur la recevabilité lie-t-elle la Cour dans ses qualifications juridiques ? Il ne fait pas de doute que dans une telle situation, c'est l'avis de la Cour qui primera sur celle de la Commission. Car, une telle position s'inspire du système européen actuel où la Cour européenne déclare qu'elle est *« la maîtresse de la qualification juridique des faits »*, CEDH, Affaire *Guerra et autres c/ Italie*, 18 février 1998, cité par S. Kowouvih, *op.cit.* p. 774.
[145] J. L. Atangana, *op.cit.* p. 176.

que la Charte africaine s'inspirant de l'expérience de la Commission et des précédents régionaux et internationaux. Ce qui est d'une portée considérable sur les rapports entre la Commission et la Cour africaines.

1. Le contenu de l'extension de la compétence de la Cour africaine

À la lumière des textes, la compétence *ratione materiae* de la Commission reste cantonnée à la Charte africaine.[146] Quant à la compétence de la Cour africaine en matière d'interprétation, elle lui permet de donner son avis sur toutes questions juridiques concernant non seulement la Charte africaine dans son intégralité, mais aussi tout autre instrument pertinent relatif aux droits de l'homme. La condition posée par le Protocole est la ratification desdits instruments par l'État mis en cause. Donc, outre les textes africains pertinents, seront ainsi inclus sans aucun doute les textes internationaux relatifs aux droits de l'homme et dont les États africains sont parties. Il convient de relever que la seule limitation à cette compétence étendue de la Cour reste l'exclusion des questions qui se rapporteraient à une question pendante devant la Commission.

a. L'interprétation et application des textes africains pertinents

Une lecture des articles 3 et 7 permet d'affirmer que les juges ne sont pas obligés de rechercher, du moins juridiquement, la solution du litige relatif à l'interprétation uniquement dans la Charte africaine. Ils peuvent indifféremment choisir d'appliquer une disposition

---

[146] Sous réserve des articles 60 et 61 de la Charte qui permettent à la Commission de s'inspirer du DIDH, des principes généraux du droit, de la coutume et des antécédents jurisprudentiels, ces dispositions permettent à la Commission de s'inspirer et non de sanctionner les violations des autres textes.

pertinente mieux adaptée et dont la jurisprudence est mieux rodée. La Cour africaine est compétente pour interpréter et juger les violations d'autres instruments pertinents africains.

La liste ci-dessous est non exhaustive. Il s'agit de [147]:

- la Convention de l'OUA régissant les aspects propres aux problèmes de réfugiés en Afrique adoptée le 10 septembre 1969 et entrée en vigueur le 26 juin 1974 ;
- la Charte africaine des droits et du bien-être de l'enfant adoptée en juillet 1990 et entrée en vigueur le 29 novembre 1999 ;
- la Convention de l'OUA sur la prévention et la lutte contre le terrorisme adoptée le 14 juillet 1999, et entrée en vigueur le 15 janvier 2004.

b. L'interprétation des instruments internationaux pertinents

Les articles 3 et 7 qui attribuent à la Cour la compétence d'interpréter aussi les textes internationaux paraissent bien fondés au regard du contexte actuel de juridictionnalisation de l'ordre international. Une telle lecture de l'extension de la compétence de la Cour vise à assurer une harmonie jurisprudentielle surtout à l'image de ses homologues européen et interaméricain. Cette compétence de la Cour s'assimile à celle de la Cour interaméricaine après les récentes réformes[148]. À ce titre,

[147] Voir *Guide pratique pour comprendre et utiliser la Cour africaine des droits de l'homme et des peuples*, FIDH, Paris, 2004, www.fidh.org, p. 36.

[148] Le système interaméricain est aussi en pleine évolution. Par exemple, l'ancien Règlement intérieur de la Commission interaméricaine adopté en 1980 a subi jusqu'ici cinq modifications. La

non seulement elle constitue la compétence la plus exercée, mais aussi et surtout elle a été étendue depuis l'avis consultatif n° 1 du 24 septembre 1982 aux dispositions relatives aux droits de l'homme dans la Charte des Nations Unies et aux Conventions de Genève[149].

Ces instruments internationaux relatifs aux droits de l'homme dont les États africains sont partis[150] et qui fondent la compétence de la Cour africaine à émettre des avis sont exemple :

- la Déclaration Universelle des Droits de l'Homme du 10 décembre 1948 ;
- la Charte des Nations Unies adoptée à San Francisco le 26 juin 1945 ;
- la Convention sur la prévention et la répression du génocide de 1948 ;

6e et la plus récente est celle du 8 décembre 2000 qui est entré en vigueur le 1er mai 2001,
Source : www.cidh.oas.org./bàsicos/basicos10.htm.

[149] CIADH, Avis consultatif, N° OC-1/82 du 24 Septembre 1982, Inter-américan Court of human Rights, judgement and opinions, n°1 (1982). *« Dans cet avis, la Cour a délimité le champ de la compétence consultative en précisant qu'il n'est pas nécessaire que le traité dont on lui demande l'interprétation soit conclu dans le cadre de l'OEA, ni qu'il ait seulement les États américains pour parties. Ces traités peuvent compter d'autres États parties, il peut s'agir des traités bilatéraux ou multilatéraux. Il n'est même pas exigé que le traité porte exclusivement sur les droits de l'homme ».* Avis demandé par le Gouvernement du Pérou *« Autres traités en interprétation de l'article.64 de la CADH »,* cité par K. Debbeche et I. Gallaba, *op.cit.* p. 258.

[150] Il s'agit les dispositions des autres instruments adoptés par les Nations-Unies et par les pays africains dans le domaine des droits de l'homme et des peuples.

- le Pacte international relatif aux droits civils et politiques 1966 entré en vigueur le 23 mars de 1976 ;
- le Pacte international relatif aux droits économiques, sociaux et culturels entré en vigueur le 3 janvier 1976 ;
- la Convention internationale sur l'élimination de toutes les formes de discrimination raciale de 1965 ;
- la Convention sur l'élimination de toutes les formes de discrimination à l'égard des femmes de 1979 ;
- la Convention contre la torture et autres peines ou traitement cruels, inhumains ou dégradants de 1984 ;
- la Convention internationale des droits de l'enfant du 20 novembre 1989.

En clair, on constate que la compétence de la Cour s'appuie sur un champ large d'instruments juridiques permettant de compléter la Charte et d'en combler éventuellement les lacunes. Cette innovation du Protocole est d'une très grande portée non seulement sur l'efficacité de la protection des droits de l'homme en Afrique, mais également sur la coexistence entre la Commission et la Cour.

2. La portée de l'extension

L'extension de la compétence r*atione materiae* de la Cour permet de recourir à celle-ci en cas de contestation éventuelle entre la compétence de la Commission et la Cour, car elle a le dernier mot en vertu de son pouvoir discrétionnaire[151].

---

[151] Article 3 § 2 du Protocole.

a. Le recours à la Cour en cas de contestation éventuelle

Aux termes des articles 45 § 3 de la Charte et 4 § 1 du Protocole, la Commission et la Cour africaines sont pourvues des mêmes compétences en matière d'interprétation. Il convient tout de même de préciser que cette attribution concurrente ne peut causer de problèmes que lorsque la condition de l'article 4 § 1, qui veut que l'avis de la Cour ne se rapporte pas à une question pendante devant la Commission, n'a pas été respectée. Mais s'il arrive qu'une telle situation se présente, l'on pourrait aboutir à des interprétations parfois divergentes par les deux organes. Malgré le mutisme du Protocole sur la question, il serait indispensable que ces deux institutions coopèrent afin d'éviter cet écueil. Il serait souhaitable que la Commission se dessaisisse de l'affaire au profit de la Cour. En réalité, la Cour étant dotée d'un pouvoir accru en la matière, elle pourra en faire usage et donner la meilleure interprétation.

Il importe de relever qu'une situation pareille trouve solution dans le système européen actuel. En effet, l'article 30 de la CEDH (révisée) dispose *que « Si l'affaire pendante devant une chambre soulève une question grave relative à l'interprétation de la Convention ou de ses Protocoles, ou si la solution d'une question peut conduire à une contradiction avec un arrêt rendu antérieurement par la Cour, la Chambre peut, tant qu'elle n'a pas rendu son arrêt se dessaisir au profit de la Grande Chambre, à moins que l'une des deux parties ne s'y oppose ».*

b. La prépondérance de l'avis de la Cour

La question à laquelle l'on est tenté de répondre ici est celle de savoir comment éventuellement régler les litiges liés à une interprétation différente d'une même règle de droit par la Commission et la Cour ? À la lecture des textes, il est clair que la compétence consultative de la Commission est moindre que celle de la Cour africaine. Même si à l'instar de la Commission interaméricaine, la Commission africaine aura un rôle moteur en ce qui concerne la compétence consultative de la Cour africaine, il apparaît que toute interprétation faite par la Commission pourrait être portée à l'attention de la Cour. Cela laisse donc supposer que, du fait de l'étendue des pouvoirs qu'elle détient en la matière, c'est son interprétation qui primera sur celle de la Commission. Ainsi, même si pour M. S. Kowouvih, *« il est prévisible que l'avis de la Cour en cas de contestation sera prépondérant »*[152]. Ce n'est pas le cas pour M. Ndiaga Loum qui, pour répondre à la question de savoir si la prééminence de l'interprétation de la Cour ne liera pas la Commission, pense plutôt que des réticences pourraient se manifester du côté de la Commission qui verrait peut-être d'un mauvais œil le fait que la Cour lui *« vole la vedette »* après tant d'années d'expérience sur ces questions[153]. En tout état de cause, il est évident que cette approche reste aussi pertinente en raison du « caractère supplétif » ou du « lien d'accessoire » qui lie la Cour à la Commission. Car dans la logique du Protocole, la Cour africaine n'apparaît pas comme l'organe judiciaire principal du système. Mais il semble qu'une Cour des droits de l'homme ne saurait occuper une seconde place. Donc la Cour africaine a des pouvoirs plus renforcés en matière d'interprétation.

De l'analyse qui précède, il convient de relever que pour éviter de stériles débats de légitimité sur la question de l'attribution concurrente de la compétence consultative à la Commission et à la Cour, il paraît essentiel de réunir dans un cadre formel ces deux mécanismes institutionnels

[152] S. Kowouvih, *op.cit.* p.708.
[153] N. Loum, *op.cit.* p. 31.

complémentaires pour montrer les limites de leurs champs de compétence consultative et au-delà, le cadre réglementaire de leur collaboration. C'est ce que démontre M. Ibrahim Ali Badawi Elsheikh lorsqu'il affirme que : *« the protective role of the Court would most probably depend on cases that have been submitted to the Commission. The advisory jurisdiction of the Court has to take into consideration the competence of the Commission. This interaction and complementarity have to be reflected in the rules of procedure of both the Court and the Commission. Therefore it is important that the Commission and the Court consult each other with a view to harmonising their rules of procedure »*[154]. En clair, il y a lieu de penser que la voie la mieux indiquée sera de consacrer de façon explicite leurs compétences dans un seul et même document comme c'était le cas dans le système européen avant la réforme du Protocole n° 11 à la CEDH et aujourd'hui dans le système interaméricain où la CADH consacre les pouvoirs des deux organes en charge de la protection des droits de l'homme et les procédures complémentaires dans les Statuts et Règlements desdits organes[155]. Une telle perspective sera déjà encourageante même si au regard des avancées considérables de ce dernier système, le Juge Hector Gros Espiell estime que *« la Commission et la Cour ont bien travaillé, bien qu'on n'ait pas encore réussi à établir entre elles une coordination et une interaction plus efficaces »*[156]. La

---

[154] Ibrahim Ali Badawi Elsheikh, "The future relationship between the african Court and Commission", *AHRLJ*, vol. 2, 2002, p. 260.

[155] Les chapitres VI, VII, VIII et IX de la CADH réglementent les relations entre la Cour et la Commission interaméricaines des droits de l'homme.

[156] Hector Gros Espiell, « La Commission et la Cour interaméricaines des droits de l'homme. Situation actuelle et perspectives d'avenir », Mélanges *à Louis Edmond PETTITI*, Bruylant, Bruxelles, 1998, p. 442.

perfection étant un processus, il ressort de l'examen de la complémentarité des compétences partagées entre la Commission et la Cour africaines en matière consultative que ces deux organes devraient se perfectionner en établissant une réelle collaboration dans l'exercice de leurs fonctions et ceci, dans le but de protéger de manière efficace les droits de l'homme en Afrique. Il en est de même en matière contentieuse.

CHAPITRE II :

LA COMPLÉMENTARITÉ DES COMPÉTENCES CONTENTIEUSES

Parler du contentieux des droits de l'homme en Afrique signifie que les organes en présence sont appelés à trancher par voie de « décision » ou d'arrêts obligatoires des affaires opposant les États parties entre eux ou des personnes sous leurs juridictions, victimes des violations de leurs droits sous réserve des certaines conditions de fond et de forme. La compétence contentieuse est la fonction principale de la Cour africaine en tant que juridiction. Le Juge Jean Mutsinzi a d'ailleurs affirmé à cet effet que *« les cas soumis à la Cour sont des différends, c'est-à-dire des cas juridiques et qui demandent une solution judiciaire »*[157]. Elle a toutefois un « caractère supplétif » par rapport à celle de la Commission[158]. Il convient de préciser que la Commission africaine est un organe quasi juridictionnel qui a élargi sa marge de manœuvre en se dotant de compétences quasiment juridictionnelles dans l'optique de promouvoir et de protéger les droits de l'homme et des peuples africains. Partant du fait que l'idée du contentieux correspond naturellement à l'existence d'une juridiction devant laquelle il y a un procès, il faut relever qu'au regard de la pratique de la Commission africaine, il peut aussi y avoir un contentieux en dehors d'un cadre

---

[157] Déclaration faite lors du colloque de Dakar du 12 au 16 octobre 2009 ; voir en ce sens A. B. Doudoua et N. P. Coly, *op.cit.*
[158] Article 2 du Protocole à la Charte.

juridictionnel. D'où l'abondance de la jurisprudence de la Commission en la matière. Mais son action s'est révélée inefficace puisqu'il n'existe au monde aucun système de protection des droits de l'homme basé exclusivement sur le mode non juridictionnel ou sur le mode contentieux.

Il est évident que la protection ne peut être efficace que si elle s'accompagne d'un mécanisme coercitif approprié. Ce qui signifie que la Cour africaine vient *« renforcer »* le rôle de la Commission uniquement sur l'aspect de la protection des droits consacrés dans la Charte. Elle doit ainsi développer sa structure dans une optique de complémentarité. Dans cette perspective, il convient pour la clarté de l'analyse, de montrer d'une part l'articulation de la complémentarité des compétences de la Commission et de la Cour africaines en matière contentieuse **(Section 1)** avant d'analyser sa justification dans le cadre du fonctionnement dual du mécanisme africain de protection des droits de l'homme **(Section 2).**

Section 1 : L'identification des compétences contentieuses

Le contrôle juridictionnel africain est de la compétence de deux institutions. En vertu de l'article 45 § 2 de la Charte de Banjul, la Commission africaine est compétente pour *« assurer la protection des droits de l'homme et des peuples dans les conditions fixées par la présente Charte »*. Dans le cadre de l'exercice de ce mandat, la Commission doit veiller à ce que les États ne violent pas les droits énoncés par la Charte et si les États arrivaient à les violer, il lui revient de veiller à ce que les victimes soient réhabilitées dans leurs droits. À cette fin, la Charte prévoit la procédure dite de *« communications »*[159]. Par

[159] Articles 47 à 59 de la Charte africaine.

ailleurs, aux termes de l'article 3 § 1 du Protocole de Ouagadougou, *« la Cour a compétence pour connaître de toutes les affaires et de tous les différends dont elle est saisie concernant l'interprétation et l'application de la Charte, du présent Protocole, et de tout autre instrument pertinent relatif aux droits de l'homme et ratifié par les États concernés »*. Il ressort de ces dispositions que la Commission et la Cour africaines interprètent et appliquent la règle de droit. En fait, *« la Cour applique les dispositions de la Charte ainsi que tout autre instrument pertinent relatif aux droits de l'homme et ratifié par l'État concerné »*[160] alors que la Commission est paralysée dans sa fonction de protection parce que se limitant aux stricts contours de la Charte. Au regard de la configuration actuelle des textes, elle aura un auxiliaire de taille dans l'accomplissement de sa mission. C'est ainsi que l'extension de la compétence de la Cour, la nature même de la Cour et le caractère obligatoire de ses arrêts pallieront les faiblesses du processus décisionnel de la Commission. L'association Commission/Cour en matière contentieuse découle de l'évidence que les deux organes sont compétents pour statuer sur des cas de violations des droits de l'homme et des peuples en Afrique proclamés par la Charte. C'est à ce titre qu'ils se partagent les compétences en matière d'examen des requêtes **(I)** et de pouvoir de décision **(II).**

Paragraphe 1 : L'examen au fond des communications

La Commission et la Cour africaines sont compétentes pour examiner au fond les plaintes qui sont portées à leur connaissance. Elles sont également compétentes pour protéger les mêmes droits. La communication peut être

[160] Article 7 du Protocole.

introduite par un État partie à la Charte qui croit raisonnablement qu'un autre État partie a violé une ou plusieurs dispositions de la Charte. Mais cette procédure peut aussi être utilisée par un individu, une ONG ou un groupe d'individu lorsque ces derniers estiment que leurs droits ou ceux d'autres personnes sont violés. Ces critères sont des préalables à la recevabilité des requêtes devant lesdits organes. Il convient d'examiner d'une part, la qualité des justiciables, les différents droits protégés **(A)** et d'autre part, la recherche de la preuve **(B)**.

A. L'identité des requérants et des droits protégés

Tout comme en matière consultative, les deux organes sont saisis en matière contentieuse par les mêmes requérants et protègent les mêmes droits. C'est ainsi que la compétence contentieuse de la Cour et de la Commission se décline en compétences *ratione personae* et *ratione materiae.*

1. La compétence *ratione personae*

Les articles 45, 47 et 55 de la Charte africaine et l'article 5 du Protocole additionnel à ladite Charte ont institué à l'endroit de la Cour et de la Commission, deux types de compétences *ratione personae* : une compétence obligatoire et une compétence facultative.

a. La compétence obligatoire

Il est important de préciser qu'il y a compétence obligatoire de la Commission à la fois à l'égard des requêtes étatiques et des requêtes émanant des particuliers. Toutefois, dans le cadre des rapports entre la Commission et la Cour, le Protocole énonce à l'article 5 § 1 la compétence obligatoire de la Cour à l'égard de la Commission et des États.

► Les requêtes de la Commission devant la Cour

La Commission est le premier interlocuteur devant la Cour[161] avant les États. La Cour est ainsi compétente pour recevoir les communications émanant de la Commission. Celle-ci a un droit originaire. Il s'agit de la nouvelle architecture du système africain de protection des droits de l'homme se ralliant aux précédents régionaux européen et américain. C'est dans cette optique que l'attelage Commission/Cour revêt toute sa pertinence. C'est la matérialisation de la dualité du mécanisme. Mais le Protocole n'est pas précis sur la qualité de la Commission devant la Cour. Agit-elle en tant que partie à une affaire ou en représentation d'un État ou d'un individu à l'instar du mécanisme américain ? Dans ce système, la question est tranchée par l'article 28 du Statut de la CIADH[162].

Il semble logique de penser que, lorsque la Commission constate qu'il y a une série de violations graves et massives des droits humains et des peuples sur le continent africain aux termes de la Charte africaine, elle a le droit d'alerter la Cour africaine pour qu'elles puissent agir conjointement[163]. La Commission interaméricaine a elle aussi cette compétence de saisir la Cour interaméricaine pour l'examen des cas contentieux[164].

---

[161] Articles 5 § 1 (a) du Protocole et 33 du Règlement intérieur de la Cour.

[162] L'article 28 du Statut de la Cour interaméricaine dispose que *« La Commission interaméricaine des Droits de l'Homme comparaîtra devant la Cour interaméricaine des Droits de l'Homme comme partie en cause dans toutes les espèces relevant de la juridiction ordinaire de la Cour, conformément aux dispositions de l'article 2.1 du présent Statut »*.

[163] Articles 5 § 1 (a) du Protocole à la Charte et 29 § 2 du Règlement intérieur de la Cour africaine.

[164] Article 61 § 1 de la CADH et article 19 § (b) du Statut de la Commission interaméricaine des droits de l'homme.

► **Les communications interétatiques**

La Commission et la Cour peuvent être saisies par tout État partie aux instruments africains relatifs aux droits de l'homme, ayant constaté la violation de leurs dispositions par un autre État partie[165]. À l'instar de la Commission interaméricaine, la compétence *rationne personae* de la Commission africaine, n'est pas subordonnée à la déclaration d'acceptation de la compétence obligatoire. Ce qui veut dire que le système africain tout comme l'ancien système européen paraissent plus libéraux en ce qu'ils ouvrent d'office l'accès à la Commission. En réalité, tout État membre de l'UA partie à la Charte peut saisir la Commission. Mais il convient de préciser qu'à l'instar de la Cour interaméricaine[166], les États ne peuvent saisir la Cour africaine que lorsqu'ils ont ratifié le Protocole la créant et ont accepté sa compétence. Il s'agit de l'État partie dont le ressortissant est victime d'une violation des droits de l'homme. La Cour africaine a, envers les États parties qui ont saisi la Commission, une compétence obligatoire. Les individus peuvent par leur médiation déposer des plaintes à la Cour. Cette compétence est qualifiée de facultative.

b. La compétence facultative

La compétence contentieuse de la Commission est facultative lorsqu'elle est le fait des individus et des ONG. À l'instar du Comité des droits de l'homme[167], la Cour européenne[168] peut être saisie directement par des

---

[165] Article 47 et 49 Charte africaine, article 5 § 1 (b, c, d, e) les ex-articles 24, 44, 45 et 48 CEDH, 45 et 61 CADH

[166] Article 62 CADH.

[167] L'article 2 du Protocole facultatif au PIDCP permettant l'examen communication émanant des particuliers devant le Comité.

[168] Les Protocoles n° 9 et 11 à la CEDH reconnaissent le droit d'action individuelle.

individus. La Cour interaméricaine, depuis la réforme de son Règlement intérieur intervenue en 2001 suite à l'affaire *Velasquez Rodriguez*[169], permet à l'individu d'agir directement devant elle.[170] La possibilité d'une requête individuelle devant la Commission africaine a été déduite de l'article 55 de la Charte[171]. En tout état de cause, l'individualisation des procédures juridictionnelles ou quasi juridictionnelles régionales permet à ces organes de mieux protéger les droits des individus ou des groupes d'individus tels que proclamés dans les textes les régissant.

Le système africain actuel n'offre qu'indirectement ou implicitement cette garantie aux individus à travers d'une part le rôle joué par la Commission africaine et les États parties ; et d'autre part si l'État visé a fait la déclaration au titre de l'article 34 § 6 du Protocole[172], il leur ouvre deux

---

[169] CIADH, Affaire *Velasquez Rodriguez,* 1988, l'individu n'est apparu devant la Cour que comme « *assistant de la Commission* ».

[170] L'article 23 du nouveau Règlement Intérieur de la Cour interaméricaine des droits de l'homme dispose à cet effet que « *1) Dès réception de la demande, les victimes alléguées, leurs parents, ou leurs représentants dûment accrédités peuvent présenter leurs requêtes, arguments et preuves en toute indépendance durant le procès. 2) S'il y a plusieurs victimes alléguées, les parents ou les représentants dûment accrédités doivent désigner un intervenant commun qui est seul autorisé à présenter des requêtes, arguments et preuves au cours du procès, notamment durant les audiences publiques. 3) En cas de désaccord, la Cour tranche* ».

[171]Cette disposition évoque les communications autres que celles des États parties.

[172] Au mois de décembre 2017, seuls huit (8) États africains ont fait une telle déclaration (Burkina Faso, Côte d'Ivoire, Ghana, Mali, Malawi, Tanzanie, Rwanda, Bénin, Tunisie) et seulement 30 États africains ont ratifié le Protocole additionnel à la Charte africaine. Le 3 mars 2016, la Commission de l'Union africaine a notifié la Cour de la réception de la lettre de la République du Rwanda portant retrait de sa déclaration faite en vertu de l'article 34 (6) et déposée en février 2013. Voir la décision de la Cour africaine en l'affaire *Ingabire*

voies possibles. Ils peuvent accéder à la Cour soit par le biais de la Commission africaine, dans les affaires auxquelles la Commission agit en représentation dans une procédure devant la Cour, soit par le biais des États : il peut s'agir de l'État qui a saisi la Commission, ou selon les arrangements avec leur État ou d'autres États utilisant la Cour[173] qui donne compétence à l'État dont le ressortissant est victime d'une violation des droits de l'homme. Quant aux ONG, outre leur reconnaissance par l'UA et le statut d'observateur qui sont requis pour qu'elles exercent une action devant la Cour, l'État partie qui les abrite doit impérativement avoir ratifié le Protocole qui la crée. Qu'en est-il de la compétence matérielle des deux institutions.

2. La compétence *ratione materiae* : les droits protégés

Le partage des compétences entre la Commission et de la Cour africaines se situe également au niveau de l'identité des droits protégés. Les deux organes protègent un large éventail de droits. Ceux-ci sont naturellement des droits consacrés par la Charte africaine. Ainsi, selon l'article 3 du Protocole, la Cour est compétente pour connaître des affaires liées à l'interprétation et à l'application de la Charte africaine, du Protocole et de tout autre instrument pertinent relatif aux droits de l'homme. Ce qui facilitera la tâche aux deux organes dans l'examen des cas de violation de droits de l'homme en Afrique.

On remarque à nouveau que la notion « d'instrument pertinent relatif aux droits de l'Homme » est centrale[174].

Victoire Umuhoza c. République du Rwanda, requête n° 003/2014 (arrêt sur la compétence du 3 juin 2016).

[173] Article 5 § 1 (d) du Protocole.

[174] Voir www.africancourtconsulting.com, consulté en janvier 2017.

Les sources de droit applicables dans le cadre des requêtes contentieuses sont donc potentiellement très larges : les pactes internationaux de 1966, la DUDH, les conventions régionales africaines telles que la charte africaine des droits et du bien-être de l'enfant ou encore le protocole à la charte africaine relatif aux droits de la femme. Cette compétence matérielle large a notamment été confirmée dans quelques arrêts, notamment *Tanganyika Law Society et The Legal and Human Rights Centre et Rév. Christopher Mtikila c. République-Unie de Tanzanie* et *Alex Thomas c. République-Unie de Tanzanie* : la Cour a précisé qu'il suffit que les droits dont la violation est alléguée soient protégés par la CADHP ou tout autre instrument relatif aux droits de l'Homme et ratifié par l'État concerné pour que la Cour soit compétente pour connaître de la cause[175]. Il en est de même des affaires *Frank David Omary et autres c. République-Unie de Tanzanie* et *Peter Joseph Chacha c. République-Unie de Tanzanie*. En l'espèce, comme la Tanzanie a ratifié le PIDCP le 11 juin 1976, la Cour a considéré qu'elle pouvait interpréter l'article 7 § 1 de la CADHP à la lumière des dispositions de l'article 14 § 3 d du PIDCP. Après avoir relevé que cet article était plus précis que la CADHP, la Cour a considéré que l'État défendeur avait violé l'article 14 § 3 du PIDCP[176].

Bien qu'intéressant du point de vue des victimes de violation des droits de l'Homme, cette interprétation est *de facto* un empiètement sur les compétences du Comité des

---

[175] Cr. ADHP, *Tanganyika Law Society et The Legal and Human Rights Centre et Rév. Christopher Mtikila c. République-Unie de Tanzanie*, 14 juin 2013, n° 009 et 011/201, *Alex Thomas c. République-Unie de Tanzanie*, 25 novembre 2015, n° 005/2013.

[176] Cr. ADHP, *Frank David Omary et autres c. République-Unie de Tanzanie*, 28 mars 2014, requête n° 001/2012 et *Peter Joseph Chacha c. République-Unie de Tanzanie*, 28 mars 2014, requête n° 003/2012.

droits de l'Homme de l'ONU. La connaissance des décisions de cet organe peut dès lors s'avérer déterminante. Au regard du droit comparé, la compétence de la Cour africaine est assez originale. La compétence de la Cour européenne est limitée à la convention européenne comme l'indique l'article 32 de la CEDH en disposant que *« la compétence de la Cour s'étend à toutes les questions concernant l'interprétation et l'application de la Convention et de ses Protocoles »*[177]. La Cour interaméricaine est aussi limitée dans sa compétence en matière contentieuse à l'application de la convention américaine (article 62 de la convention américaine des droits de l'Homme). L'originalité de la Charte africaine réside dans le fait que l'article 3 du Protocole complète les articles 45 § 2 et 47 de la Charte. Elles sont compétentes pour connaître de toute violation par un État partie non seulement des droits, mais aussi de toute autre norme telle que les devoirs de l'individu[178]. En outre, il convient de préciser que l'une des spécificités de la Charte est la prise en compte des trois générations des droits de l'homme[179]. La Charte reconnaît aussi les droits des peuples[180]. Ceci, dans une tentative d'associer la tradition des valeurs africaines et la modernité des droits universellement reconnus.

La violation de ces droits énoncés dans la Charte africaine donne compétence soit à la Commission, soit à la Cour lorsqu'elles sont saisies par les victimes. Lorsque

---

[177] Voir également les articles 33 et 34 de la CEDH.

[178] Articles 27 à 29 de la Charte.

[179] En effet, contrairement aux Conventions européenne et américaine des droits de l'homme, la Charte comporte des articles visant à protéger non seulement les droits civils et politiques (articles 2 à 14), les droits économiques, sociaux et culturels (articles 15 à 18), mais aussi les droits à un environnement sain, à la paix et au développement (articles 22 à 24).

[180] Article 19 à 24 de la Charte.

l'une ou l'autre se déclare compétente pour connaître d'un litige concernant la violation des droits sus évoqués, elle examine l'affaire au fond en recherchant les éléments de preuve.

B. La recherche de la preuve

La procédure d'examen des requêtes étatiques est presque la même que celle des requêtes individuelles. Il importe de préciser qu'en ce qui concerne l'examen des requêtes des particuliers, lorsqu'elles sont déclarées recevables, la Commission informe ledit État et le requérant de sa décision par l'intermédiaire du Secrétaire général de l'UA. La procédure d'examen des requêtes se déroule conformément aux articles 46 à 54 de la Charte, des articles 119 et 120 du Règlement intérieur de la Commission (révisé) et des articles 27 à 65 du Règlement intérieur de la Cour africaine. Une telle procédure est aussi prévue par la CADH aux articles 48 à 50. Ces étapes qui sont les mêmes pour les requêtes étatiques et les requêtes individuelles dans les instruments européen et américain concernent l'établissement des faits et le règlement amiable.

1. L'établissement des faits

Dans le cadre de sa fonction d'instruction, la Commission africaine dispose d'assez larges pouvoirs. En vertu de l'article 46 de la Charte, elle peut recourir à toute méthode d'investigation appropriée. Elle peut notamment entendre le Secrétaire général de l'UA et toute personne susceptible de l'éclairer. Aux termes de l'article 51 de la Charte, elle peut demander aux États parties intéressés de lui fournir toute information pertinente. Cela n'exclut pas que les juges puissent aussi mener des enquêtes avant de statuer sur des cas de violations des droits de l'homme qui leur sont soumis par la Commission, les États ou les particuliers[181].

Cette fonction d'instruction est semblable à celle consacrée dans les deux précédents régionaux. Ainsi, la Commission interaméricaine est habilitée à faire des enquêtes sur le terrain[182], mais puisque la Cour ne s'est pas estimée liée par le résultat des enquêtes de la Commission interaméricaine, elle s'est arrogé le droit de procéder aux siennes propres[183]. La CEDH prévoit également cette possibilité[184]. Après les enquêtes, la Commission et la Cour africaines doivent décider sur la base des faits émanant du plaignant. Si les recours pour violations des droits de l'homme sont établis ou avérées et les conditions de recevabilité remplies, elles peuvent tenter un règlement à l'amiable.

---

[181] Aux termes de l'article 45 § 1 du Règlement intérieur de la Cour africaine *« 1) La Cour peut, soit d'office, soit à la demande d'une partie, ou le cas échéant, des représentants de la Commission, se procurer tous les éléments de preuve qu'elle estime aptes à l'éclairer sur les faits de la cause. Elle peut notamment décider d'entendre en qualité de témoin ou d'expert, ou à un autre titre, toute personne dont les dépositions, dires ou déclarations lui paraissent utiles à l'accomplissement de sa tâche. 2) La Cour peut demander à toute personne ou institution de son choix de recueillir des informations, exprimer un avis ou lui faire un rapport, sur un point déterminé. 3) La Cour peut en tout état de la cause charger un ou plusieurs de ses membres de procéder à une enquête, visite des lieux ou autre mesure d'instruction »*.

[182] Ex-Article 41 du Règlement intérieur de la Commission interaméricaine ou article 18 (g) de son Statut.

[183]CIADH, affaire Viviana Gallardo, arrêt du 13 novembre 1987, n° G101/81 série A, p. 26.

[184] Article 28 § 1 (a). CEDH.

2. Le règlement à l'amiable

La recherche de compromis est considérée comme l'élément fondamental de l'éthos processuel africain[185]. La Charte africaine et le Protocole de Ouagadougou donnent cette compétence à la Commission et la Cour africaines de trouver les solutions les plus satisfaisantes aux questions relatives aux droits de l'homme par la négociation. Ainsi, lorsqu'elles reçoivent une requête, elles doivent rester à la disposition des parties intéressées afin de parvenir à un règlement amiable de l'affaire qui s'inspirera du respect des droits de l'homme et des peuples. De façon claire, il est prévu à l'article 52 de la Charte africaine qu'*« après avoir obtenu, tant des États parties intéressés que d'autres sources, toutes les informations qu'elle estime nécessaires »,* la Commission africaine peut *« essayer par tous les moyens appropriés de parvenir à une solution amiable fondée sur le respect des droits de l'homme et des peuples (...) ».* Il en est de même de l'article 98 du Règlement intérieur de la Commission africaine (révisé). Cette compétence rejoint celle de la Cour africaine qui a aussi un mandat en vertu duquel elle *« (...) peut tenter de régler à l'amiable les cas qui lui sont soumis conformément aux dispositions de la Charte »*[186].

Cette compétence est similaire à celle des organes européen et interaméricain[187]. En fait, dans le contexte africain, selon les formules initiales de la Commission africaine, *« le but essentiel de la procédure est de parvenir à un règlement amiable entre les plaignants et les*

---

[185] Roger Koussetogue Koude, « Le diptyque africanité-universalité ou la double identité de l'ordre juridictionnel africain de protection des droits de l'homme », *Études interculturelles*, n°1/2008, p. 66.
[186] Article 9 du Protocole
[187] Articles 28 § 1er (b) de la CEDH et 48 § 1 (f) de la CADH.

États »[188]. La finalité du règlement amiable est de procéder à une conciliation entre les parties visant un arrangement limité à la réparation des conséquences du comportement de l'État qui a manqué à ses obligations[189]. Il s'agit, selon M. Sitsofé Kowouvih de l'une des spécificités africaines de l'arbre à palabre. Elle consiste à rechercher à tout prix la solution ou la sanction d'une violation des droits de l'homme dans la négociation[190] et non par la procédure contentieuse. À en croire cet auteur, l'affaire ne sera réglée au contentieux qu'en cas d'échec de ce règlement amiable. Il précise en outre que la sanction juridictionnelle ne doit pas intervenir *in limine,* car elle n'est pas le but principal de la procédure[191] en matière de protection des droits de l'homme.

Toutefois, l'établissement d'un rapport sur l'affaire examinée par la Commission africaine intervient après la tentative du règlement à l'amiable, que celui-ci ait abouti ou pas[192]. En cas d'échec, la Commission fait un rapport à la Conférence des Chefs d'État et de Gouvernement. Comme il a été précisé plus haut, le rapport désigne un compte rendu écrit ou oral présenté par une personne ou un groupe de personnes, rendant compte de l'exécution de leur mission, soit de façon générale, soit sur des points particuliers exposant des évènements ou des situations ou répondant aux renseignements qui leur ont été adressés. Vue en ce sens, la Commission africaine soumet à chacune

---

188 A. D. Olinga, « Les emprunts normatifs de la Commission africaine des droits de l'homme et des peuples aux systèmes européen et interaméricain de garantie des droits de l'homme », *op.cit.* p. 515.

189 Voir par exemple la communication 290/2004, Open Society Justice Initiative (pour le compte de *Puis Njawé Noumeni c/ Cameroun,* publiée dans le 20e rapport de la Commission africaine des droits de l'homme et des peuples, janvier-juin 2006.

190 S. Kowouvih, *op.cit.* p. 761.

191 *Ibid.* p. 762.

192 Article 52 de la Charte.

des sessions ordinaires de la Conférence des Chefs d'État et de Gouvernement un rapport sur ses activités[193].

Dans la configuration actuelle du système, ce rapport doit relater les faits et les conclusions auxquelles la Commission a abouti et être présenté dans un délai raisonnable d'abord aux États concernés, à la Conférence des Chefs d'État et ensuite, ce qui est d'ailleurs souhaitable, à la Cour africaine[194]. Selon l'article 53 de la Charte, la Commission peut faire des recommandations qu'elle jugera utiles.

Mais il convient de préciser que si c'est la Cour qui parvient à un règlement amiable, elle rend un arrêt de radiation du rôle dans lequel elle fait évidemment état du règlement amiable intervenu et qui comporte toujours des considérations liées au fond de l'affaire. En tout état de cause, que ce soit devant la Commission ou la Cour, le règlement amiable s'impose aux parties et est définitif. Le rapport qui est publié fait l'objet d'un suivi pour en surveiller l'exécution. Il serait donc souhaitable qu'en cas d'échec du règlement amiable devant la Commission africaine, que ledit rapport soit transféré à la Cour pour contentieux, ce d'autant plus que dans une telle situation devant la Cour, la procédure débouchera *ipso facto* sur un arrêt obligatoire qui sanctionne ou non la violation des droits de l'homme. Que cette sentence soit donnée par la Commission ou la Cour, les deux organes sont pourvus d'un pouvoir de décision.

---

[193] Articles 54 de la Charte et 77 du Règlement intérieur de la Commission africaine (révisé).

[194] Il ressort des articles 5 § 1 (a) du Protocole et 29 § 3 du Règlement intérieur de la Cour africaine que la procédure se poursuivra devant la Cour africaine. Cette dernière disposition précise que : *« Lorsqu'en application du Protocole, article 5 (1) a), la Commission saisit la Cour, elle lui transmet en même temps que son rapport toutes les pièces relatives à la procédure en cause (...) ».*

Paragraphe 2 : Le pouvoir de décision

De manière générale, une décision est un *« terme général utilisé en procédure pour désigner les actes d'une juridiction collégiale ou d'un magistrat unique »*[195]. Elle peut aussi désigner le résultat des discussions d'un organe collégial. Au plan régional africain de protection des droits de l'homme, la décision désigne ainsi les énoncés finaux de la Cour et de la Commission qui se caractérisent par leur diversité en fonction de la nature de l'organe en présence. Après l'examen au fond des requêtes, ces deux organes sont compétents pour rendre une décision lorsqu'ils estiment qu'il y a eu violation des droits garantis dans la Charte africaine. L'attelage Commission/Cour dans les mécanismes de protection des droits de l'homme a pour objectif de garantir de manière efficace les droits proclamés. Ce qui implique une attention particulière par rapport au résultat du travail fourni par ces organismes en présence. La Commission et la Cour africaines rendent généralement trois types de décisions : celles concernant les mesures conservatoires, celles concernant la recevabilité des communications et celle concernant le fond des affaires[196]. Il est important de préciser que la recevabilité des requêtes sera étudiée en matière de procédure. Pour les compétences des deux organes, il serait judicieux de s'attarder sur les deux autres types de décision.

La question fondamentale que peut se poser le justiciable africain à ce niveau consiste à se demander quel est le bénéfice tiré d'une décision rendue par la Commission africaine plutôt que par la Cour africaine

---

[195] Raymond Guillien et Jean Vincent, *Lexique des termes juridiques*, (Dir.) Serge Guinchard et Gabriel Montagnier, Dalloz, 8e édition, 1990, p. 160.
[196] J. D. Boukongou, *op.cit.* p. 136.

alors que les deux organes sont compétents à l'intérieur d'un même système. Il semble que cette question trouve une solution dans la précision qui reste à faire relativement à la forme juridique des décisions **(A)** et à leur portée générale **(B).**

A. La forme juridique des décisions

La Commission africaine[197] utilise souvent le terme « avis » pour désigner ses prises de positions au contentieux. Mais le Professeur Alain Didier Olinga qualifie ce terme de *« peu heureux »*[198] puisque, lorsqu'elle constate qu'il y a violation des droits de l'homme et/ou des peuples, elle rend une décision qui peut revêtir la forme d'un « rapport » relatant les faits et les conclusions de l'organe en faisant des propositions, des directives et de recommandations. Le pouvoir de faire des recommandations est fonction de la nature de l'organe. Une recommandation est *« une résolution d'un organe international, dépourvue en principe de force obligatoire pour les États membres »*[199]. La Commission africaine étant un organe quasi juridictionnel, elle tient ce pouvoir

---

[197] L'article 58 de la Charte africaine dispose que : *« 1) Lorsqu'il apparaît à la suite d'une délibération de la Commission qu'une ou plusieurs communications relatent des situations particulières qui semblent révéler l'existence d'un ensemble de violations graves ou massives des droits de l'homme et des peuples, la Commission attire l'attention de la Conférence des Chefs d'État et de Gouvernement sur ces situations.2) La Conférence des Chefs d'État et de Gouvernement peut alors demander à la Commission de procéder sur ces situations, à une étude approfondie, et de lui rendre compte dans un rapport circonstancié, accompagné de ses conclusions et recommandations (...) ».*

[198] A. D. Olinga, « Les emprunts normatifs de la Commission africaine des droits de l'homme et des peuples aux systèmes européen et interaméricain de garantie des droits de l'homme », *op.cit.* p. 517.

[199]R. Guillien et J. Vincent, *op.cit.* p. 409.

de la Conférence des chefs d'État et de gouvernement de l'UA[200]. En principe, le rapport est la forme juridique de la décision de la Commission africaine. Aux termes de l'article 58 de la Charte, ce rapport est envoyé à l'État visé et la Conférence des chefs d'État et de gouvernement de l'UA. En outre, lors des sessions qui ont lieu deux fois par an, la Commission discute des questions relatives aux droits de l'homme et peut annexer à sa déclaration finale des textes appelés « Résolutions » dénonçant les violations des droits de l'homme par un État partie. À ce titre, la forme actuelle des énoncés définitifs de la Commission qui se présentent sous forme de « décisions » ne correspond ni à la lettre ni à l'esprit de la Charte africaine. Ce texte fondateur n'évoque que le « rapport » comme énoncé final de la Commission. Mais, il importe de préciser que les « décisions » de la Commission au jour d'aujourd'hui expriment son dynamisme institutionnel, puisqu'elle s'est dotée des compétences quasi juridictionnelles. Elles désignent ainsi *« tout acte pris par la Commission africaine dans ses différents domaines de compétences qui nécessite l'intervention des États parties pour sa mise en œuvre »*[201].

Par ailleurs, quant au pouvoir de recommandation de la Cour, il découle évidemment de sa nature juridictionnelle ; en ce sens que, toute juridiction internationale est pourvue de cette compétence de faire des recommandations aux États. À ce titre, la Cour africaine, à l'instar des Cours européenne et interaméricaine, a ce pouvoir de dire le droit, même si ce dernier relève du "droit mou" ou de la

[200]Articles 53 et 58 de la Charte africaine.
[201]Germain Baricako, « La mise en œuvre des décisions de la Commission africaine par les autorités nationales », in *L'application nationale de la Charte africaine des droits et des peuples*, *op.cit.* p. 207.

soft law[202], c'est-à-dire qu'il ne reçoit par définition aucune sanction juridictionnelle au plan international.

Mais, il convient de relever que la décision peut prendre la forme d'un arrêt, lorsqu'il s'agit des instances à caractère juridictionnel. En matière des droits de l'homme, l'arrêt est la forme la plus parfaite des énoncés finaux. Ainsi, la Cour africaine a la compétence de rendre des arrêts obligatoires lorsqu'elle est saisie pour une violation des droits de l'homme[203]. Jusqu'en décembre 2016, le nombre de requêtes contentieuses reçues par la Cour a été porté à 124 (cent-vingt-quatre)[204] et elle a rendu 62 arrêts. Quelques requêtes ont fait l'objet d'un examen au fond dans le respect des principes de la justice. Il s'agit des arrêts *Tanganyika Law Society and The Legal and human Rigths Centre et Révérend Christopher Mtikila c/République unie de Tanzanie, Norbert Zongo, Abdoulaye Nikiema Dit. Ablasse, Ernest Zongo et Blaise ILoudo et le*

---

[202] Ce concept est invoqué à propos des résolutions et recommandations adoptées par diverses organisations dans divers domaines tels que celui du droit international économique, de la protection de l'environnement ou celui des droits de l'homme qui sont l'expression d'une aspiration d'un groupe d'États, majoritaires au sein d'organes délibérants d'organisations internationales (à vocation universelle ou même régionale) à créer de nouvelles règles juridiques sans passer par la voie conventionnelle (J. Salmon, *op.cit.* p.1039). Il est encore appelé « droit vert », ou de « droit déclaratoire » par la doctrine francophone qui en dénonce parfois le caractère imprécis, inconsistant, inachevé, incomplète voire d'obligation flexible (Jean Combacau et Serge Sur, *Droit international public*, 7e édition, 2006, Montchrestien, pp. 88 et 98), ou encore un concept « attrape-tout » (Pierre-Marie Dupuy, *Droit international public*, 5e édition précis Dalloz, 2000, p. 371).

[203] Article 28 du Protocole.

[204] Rapport d'activités de la Cour africaine des droits de l'homme et des peuples pour la période allant du 1er janvier au 31 décembre 2016, trentième session ordinaire 22 - 27 janvier 2016, Addis-Abeba (Éthiopie) 6.

Mouvement Bukinabé des droits de l'homme et des peuples c/ Burkina Faso et Issa Lohé Konaté c/ Burkina Faso[205].

B. La portée générale des décisions

Au regard de la double nature juridictionnelle des organes de protection des droits de l'homme en Afrique, il y a tout lieu de constater que la Commission africaine ne rend que des recommandations alors que la Cour africaine rend des arrêts obligatoires. Les recommandations de la Commission n'ont pas autorité de la chose jugée[206]. Ce qui est le cas pour les arrêts de la Cour. Le problème le plus important qui peut inciter le justiciable à oser s'engager dans une procédure de saisine de ces deux organes du système est l'exécution des recommandations de la Commission ou des arrêts de la Cour. En réalité, il n'est prévu aucune procédure spéciale pour assurer le suivi des recommandations de la Commission[207]. Elles ne sont légitimes que s'ils sont visés par la Conférence des chefs d'État et de gouvernement de l'UA. En ce qui concerne les arrêts de la Cour africaine, il est prévu aux articles 29 § 2

---

205 Voir les arrêts Cour ADHP, requêtes n° 009/2011 et 011/2011, *Tanganyika Law Society and The Legal and human Rigths Centre et Révérend Christopher Mtikila c/ République unie de Tanzanie,* arrêt du 14 juin 2013, affaire *Norbert Zongo, Abdoulaye Nikiema Dit. Ablasse, Ernest Zongo et Blaise ILoudo et le Mouvement Bukinabé des droits de l'homme et des peuples c/ Burkina Faso,* Requête n° 013/2011, Arrêt du 28 mars 2014, l'affaire Issa Lohé Konaté c/ Burkina Faso (Requête n°04/2013, Décision du 05 décembre 2014.

206 Il en est de même des recommandations de la Commission interaméricaine. Car, à propos de l'Arrêt du 8 décembre 1995, Caballero Delgado et Santana c/ Colombie (précité), la CIADH déclare qu'« *une recommandation n'a pas le caractère d'une décision juridictionnelle obligatoire* ». Lire à ce sujet P. Wachsmann, *op.cit.* p 180.

207 G. Baricako, *op.cit.* p. 231.

du Protocole et 65 § 2 du Règlement intérieur de la Cour que le Conseil exécutif de l'UA devrait s'assurer de leur bonne exécution.

En fait, qu'il s'agisse d'un rapport, d'une recommandation ou d'un arrêt, la décision de la Cour ou de la Commission est un acte déclaratoire, car le contentieux des droits de l'homme est fondamentalement un contentieux de la légalité. Il n'est pas un contentieux de l'annulation et n'est qu'accessoirement un contentieux de la réparation. Le contentieux des droits de l'homme porte davantage sur la satisfaction que sur l'indemnisation. C'est la raison pour laquelle la Charte ou le Règlement intérieur de la Commission ne prévoient pas l'octroi d'une satisfaction ou d'une réparation. Elle s'est progressivement octroyé le pouvoir de décision d'une réparation pécuniaire[208]. Au regard du Protocole additionnel à la Charte, la Cour africaine semble disposer de la plus grande autorité en la matière. Lorsqu'elle considère qu'il y a violation d'un droit garanti par la Charte, *« elle ordonne toutes les mesures appropriées afin de remédier à la situation, y compris le paiement d'une juste compensation ou l'octroi d'une réparation »*[209].

La Commission a donc le pouvoir de faire des recommandations et il revient à la Cour de rendre des arrêts pouvant exiger des réparations des préjudices subis par les victimes ayant eu gain de cause. Il s'agit en fait

---

[208] L'expérience de la Commission africaine montre que les mesures appropriées peuvent être de nature très variées. Voir Communication 54/91, 61/91, 98/93, 154/97 et 210/98, Amnesty International, Ms Sarr Diop and RADDHO, collectif des veuves et ayants droit, Association Mauritanienne des droits de l'homme c/ Mauritanie ; et aussi Communication 59/91, Embga Mekongo Louis c/ Cameroun où la Commission recommande que le quantum des préjudices du requérant soit déterminé par la loi camerounaise (§ 2).
[209] Article 27 § 1 du Protocole.

d'un défi à relever par ces deux organes. Ce d'autant plus que le système européen dispose d'un procédé d'allocation d'une « satisfaction équitable »[210] à la victime d'une violation des droits de l'homme[211]. La pratique de la Commission africaine varie des recommandations à faire cesser les violations et à rétablir les victimes dans leurs droits au versement d'indemnités fixées conformément à la législation de l'État défaillant[212] ou à prendre des mesures particulières propres à mettre fin à la violation lorsque le droit interne le permet[213] comme l'a établi G. J. Naldi[214].

---

210 Article 50 CEDH repris par l'article 41 CEDH révisée en ces termes *« Si la Cour déclare qu'il y a eu violation de la Convention ou de ses Protocoles, et si le droit interne de la Haute Partie contractante ne permet d'effacer qu'imparfaitement les conséquences de cette violation, la Cour ordonne à la partie lésée, s'il y a lieu, une satisfaction équitable »*.

211 Cour européenne des droits de l'homme, arrêt *Allenet de Ribemont* en 1995. La France a été condamnée à verser la somme de cent mille francs (15000 euros) pour frais et dépens, et la somme de deux millions de francs (300000 euros) pour dommage matériel et moral.

212 Voir en ce sens *Constitutionnal rights Project (pour le compte de wahab Akamu, G. Adega et autres) c/ Nigeria* (communication n° 60/91) ; Annette Pagnoulle, pour le compte *Abdoulaye Mazou c/ Cameroun* (Communication n° 39/90).

213 Communication n° 39/90, *Abdoulaye Mazou c/ Cameroun,* 1990. La Commission considère que le fait de ne pas réintégrer M. Mazou dans ses fonctions constitue une violation de l'article 15 de la Charte (§ 29). C'est d'ailleurs en respect à cette décision qu'il a été réintégré dans ses fonctions de Magistrat à l'issue de la dernière session du Conseil Supérieur de la magistrature (voir en ce sens A. D. Olinga, « Le contentieux camerounais devant le Comité de droits de l'homme et la Commission africaine de Banjul », *in Intégrité physique et dignité humaine*, *Cahiers africains des droits de l'homme*, n°1, août 2001, p. 132.

214 G. J. Naldi, « Reparations in the practice of the African Commission on human and peoples'rights » in *Leiden Journal of International Law*, cité par M. Mubiala, *Le système régional africain de protection des droits de l'homme, op.cit.* p. 86.

La Commission et la Cour se partagent aussi la compétence en matière d'octroi des mesures provisoires et de réparation. Pendant l'instruction, ces deux organes ont la compétence de prendre des mesures provisoires dans les cas d'extrême urgence afin d'éviter des dommages irréparables à des personnes[215]. Par définition, une mesure provisoire est une mesure prise pour la durée d'un procès afin de régler momentanément une situation urgente en attendant une décision définitive. Mais il importe de relever que la Compétence de la Commission africaine pourrait à long terme être affectée par la compétence d'urgence de la Cour africaine[216], puisqu'en la réalité, ses décisions en cette matière sont moins contraignantes et n'ont pas toujours été exécutées. Les cas de non suspension de l'exécution d'une sentence telle que la peine de mort démontrent à suffisance cette pratique[217]. Sur ce, il n'est pas exclu que la Cour puisse être amenée à jouir d'un rôle prééminent dans le domaine des mesures provisoires. En effet, la compétence dévolue conventionnellement à la Cour africaine s'analyse *prima facie* comme un pouvoir de décision.

Somme toute, la dualité du mécanisme africain de protection consacrée par le Protocole prévoit les compétences contentieuses partagées entre la Commission

---

[215] Articles 111 du Règlement intérieur de la Commission africaine (révisé), 27 § 2 du Protocole et 51 du Règlement intérieur de la Cour.

[216] Jean-François Flauss, « Notules sur les mesures provisoires devant la Commission africaine des droits de l'homme et des peuples », *RTDH*, n°55, 2003, p. 929.

[217] Affaire Ken Saro Wiwa, cas d'inexécution des mesures adressées par la Commission, International Pen et autres (pour le compte de Ken Saro Wiwa) c/Nigeria, 1998 ; Communication 240/2001, *Interights c/ Botwana*. Dans ces deux cas, le fait que la Commission ait décidé des mesures conservatoires n'a pas empêché respectivement l'exécution du leader Ogoni et de ses huit compagnons par le Nigeria de Sani Abacha, et de madame Mariette Sonjaleen Bosh par le Botswana.

et la Cour dans l'optique d'une protection efficace des droits de l'homme. En réalité, à la lecture de ce Protocole additionnel à la Charte africaine, tout laisse à croire qu'aucune compétence n'est reconnue à la Cour pour absorber les attributions jusqu'ici dévolues à la Commission africaine. Les deux organes sont compétents pour recevoir des communications en cas de violations graves et massives des droits de l'homme sur le continent africain, de les examiner et si possible, parvenir à un règlement amiable ou prononcer un jugement au fond permettant à l'État ou aux États reconnus coupables de ces violations d'honorer leurs engagements au titre de l'article 1er de la Charte africaine des droits de l'homme et des peuples[218]. En tout état de cause, il découle de la logique de ce qui précède que les « décisions » de la Commission ou les arrêts de la Cour suivront l'exemple des organes des précédents régionaux et resteront essentiellement déclaratoires et non exécutoires même si le Protocole à la Charte prévoit un suivi et une obligation d'exécution de la part des États parties[219]. Une lecture minutieuse de l'article 2 du Protocole établissant la relation de complémentarité entre la Commission et la Cour permet de constater que la Cour africaine est instituée en guise de « complément partiel » à la Commission. En cela, leurs compétences contentieuses s'emboîtent à l'intérieur d'un même système.

---

[218] L'article 1er de Charte dispose que : *« Les États membres de l'Organisation de l'Unité Africaine, parties à la présente Charte, reconnaissent les droits, devoirs et libertés énoncés dans cette Charte et s'engagent à adopter des mesures législatives ou autres pour les appliquer ».*

[219] Selon le Pr. J. D. Boukongou, ce suivi de l'exécution des décisions rendues par la Cour *« ne constitue pas en soi un mécanisme efficace compte tenu des pesanteurs diplomatiques au sein de cette instance »*, J. D. Boukongou, *op.cit.* p. 138.

Section 2 : La portée de la complémentarité des compétences contentieuses

L'objectif évident de la Cour africaine est de combler les lacunes de la Commission africaine, car le système africain souffrait jusqu'ici de l'absence d'un mécanisme juridictionnel ayant un pouvoir de sanction à l'égard des États et offrant aux victimes des droits à la réparation après un procès équitable. En l'état actuel du droit africain des droits de l'homme, la possibilité offerte aux requérants étatiques et individuels, et à la Commission elle-même de soumettre des affaires à la Cour entraîne un chevauchement des compétences. La compétence contentieuse de la Cour est définie par rapport à celle de la Commission. Dans le règlement des litiges relatifs aux droits de l'homme, cette compétence se complète en ce sens que la fonction contentieuse de l'une permet de protéger celle de l'autre **(I)**. La Cour africaine étant appelée à œuvrer dans un contexte d'interdépendance normative et institutionnelle[220], il serait nécessaire que les deux organes assurent l'uniformisation de la jurisprudence africaine **(II)**.

Paragraphe 1 : La sécurisation de la fonction contentieuse de la Commission par la Cour

Dans l'exercice de leurs fonctions contentieuses, cette sécurité est réciproque. La compétence contentieuse de la Cour ne devrait pas faire obstacle à celle de la Commission. Elles doivent l'exercer en toute autonomie **(A).** Toutefois, dans le cadre de leurs relations

---

220 M. Mubiala, « La Cour africaine des droits de l'homme et des peuples : mimétisme institutionnel ou avancée judiciaire ? », *op.cit.* p.772.

complémentaires, la fonction contentieuse de la Cour peut constituer une voie de recours en cas d'insatisfaction devant la Commission **(B).**

A. L'autonomie dans l'exercice des compétences contentieuses de la Commission et de la Cour africaines

Tout comme en matière consultative, l'exercice de la fonction contentieuse de la Commission et la Cour africaines se fait en toute indépendance. À ce titre, que ce soit la Cour ou la Commission qui soit saisie d'un cas de violation des droits de l'homme, elle doit statuer en toute souveraineté.

Cette attitude s'inspire des deux précédents régionaux dans lesquels *« les instances juridictionnelles européenne et interaméricaine exercent une fonction contentieuse en toute souveraineté. Elles sont libres d'aboutir à des conclusions différentes (...) »*[221]. Cette souveraineté s'explique par le souci de protection efficace des droits de l'homme, car les deux organes étant investis des mêmes pouvoirs, chacun devrait poursuivre l'examen de l'affaire portée à sa connaissance jusqu'à la phase de la décision définitive ou du jugement au fond.

Toutefois, ce n'est que lorsque la Commission ne parvient pas à trancher un litige que la Cour peut être saisie de l'affaire. Donc, les deux organes se complètent en ce sens que la fonction contentieuse de la Commission est renforcée par un organe juridictionnel qui peut tout de même constituer, à l'instar des systèmes européens et américains, une voie de recours pour les requérants qui n'ont pas trouvé satisfaction devant la Commission.

---

[221] V. E. Yemet, *op.cit.* p. 337.

B. L'existence des voies de recours devant la Cour

Si l'on se réfère aux précédents régionaux, il est important de relever qu'en cas d'échec de règlement amiable par l'organe de conciliation, la Commission africaine peut décider de renvoyer l'affaire devant la Cour pour contentieux. C'est dans cette mesure que la complémentarité entre la Commission et la Cour revêt toute sa pertinence. Au regard de l'interaction entre ces deux organes, la Commission a intérêt à saisir la Cour[222] de façon automatique et constante pour des cas contentieux et lui donner l'occasion d'exercer sa fonction juridictionnelle.

Il convient de préciser que les voies de recours constituent un *« ensemble de moyens mis à la disposition des plaideurs pour leur permettre d'obtenir un nouvel examen du procès (ou d'une partie de celui-ci), ou de faire valoir les irrégularités observées dans le déroulement de la procédure »*[223]. Mais en l'état actuel des textes africains, la nature du recours n'est pas précisée. Ce qu'il faut relever est que, de la structure bicéphale actuelle, l'on peut déduire une existence des recours de la Commission à la Cour africaine. Il s'agit d'une avancée considérable, car cette procédure matérialise la relation complémentaire entre les deux institutions.

C'est d'ailleurs ce qu'essaye de démontrer le Professeur Jean-François Flauss dans le domaine des mesures provisoires lorsqu'il relève que « *l'emprise de la Cour sur le contentieux de l'urgence se trouverait renforcée si elle devrait se comporter comme une juridiction d'appel ou de révision des mesures provisoires*

---

[222] Article 5 § 1 (a) du Protocole, article 118 du nouveau Règlement de la Commission africaine.
[223] R. Guillien et J. Vincent, *op.cit.* p. 500.

prononcées par la Commission »[224]. Dans cette logique, les relations entre la Cour et la Commission sont structurées à « deux étages » ou à « double niveau ». S'il s'agissait d'un système dans lequel il existait *« deux structures »,* l'on devait peut-être se référer au système judiciaire dans l'ordre interne des États pour mieux comprendre le règlement échelonné des questions de droit.

Mais si l'on se situe dans la logique d'une structure à deux étages, dans laquelle les deux organes sont investis des mêmes pouvoirs, il importe de préciser que, soit ils exercent leurs fonctions en harmonie et les rapports restent stratifiés, étant donné que « *la Commission garde son rôle important de filtre sur le chemin de la Cour* » ; soit dans le cas contraire, la Cour statue sur les erreurs de la Commission et, par conséquent, l'on sera en train de déporter le système de l'ordre interne au niveau régional africain. C'est-à-dire l'institutionnalisation d'un organe d'appel ou d'une juridiction de second degré. Sur cette question, il y a lieu de penser que pour une protection efficace des droits de l'homme en Afrique et surtout dans la logique du Protocole, les relations entre la Cour et la Commission s'intègrent dans une structure à deux étages ou à double niveau.

Le caractère supplétif de la Cour participe ainsi du souci de la meilleure protection des droits de l'homme en ce sens qu'en tant qu'organe juridictionnel, elle est source de crédibilité dans la lutte contre l'impunité en matière de protection des droits de l'homme et des peuples africains. Ainsi, *« la Cour ne peut être saisie que si la Commission est préalablement intervenue et a établi un rapport »*[225]. Il convient de préciser que ce rapport n'a qu'une valeur de

[224] J-F. Flauss, *op.cit.* p. 930.

[225] A. D. Olinga, « L'Afrique face à la "globalisation" des techniques de protection des droits fondamentaux », *op.cit.* p.163.

recommandation, donc dépourvu de force contraignante et loin d'octroyer des réparations à des victimes.

Dès lors, en cas d'insatisfaction de cette décision rendue par la Commission, les requérants ont un grand intérêt à saisir la Cour. Le caractère obligatoire des arrêts rendus par la Cour renforce ainsi la recommandation de l'organe de Banjul. L'arrêt de la Cour est définitif et motivé. Il est adopté à la majorité et est éventuellement assorti d'opinions individuelles et/ou dissidentes. En outre, pour éviter que d'autres requêtes ne reviennent à la Cour après que celles-ci aient fait l'objet d'un examen judiciaire antérieur, le Protocole a consacré le principe *non bis in idem.*

Notons que cette dualité du mécanisme africain de protection des droits de l'homme et des peuples permet au continent noir de se rallier à l'ordre juridique international et rattraper ainsi les autres systèmes régionaux de protection des droits de l'homme même si elle reste à parfaire. Le Professeur Alain Didier Olinga affirme dans ce sens que *« cette convergence relative n'est pas seulement institutionnelle, elle est aussi substantielle en ce qu'elle concerne les éléments de jurisprudence »*[226]. L'œuvre desdits organes est de constituer une jurisprudence s'inscrivant dans une large mesure dans la continuité des autres instruments juridiques régionaux et internationaux visant la protection des droits de l'homme.

Paragraphe 2 : L'uniformisation de la jurisprudence africaine

Le contentieux qui découle de la violation des droits de l'homme en Afrique est de la compétence de deux institutions qui se soutiennent réciproquement et qui

[226] *Ibid.* p.164.

disposent de la même source normative **(A).** C'est ainsi que le développement de la jurisprudence africaine actuelle en matière des droits de l'homme devrait tenir compte de la relation complémentaire entre la Commission et la Cour africaines afin d'harmoniser leurs décisions **(B).**

A. L'interdépendance institutionnelle et normative

La nécessité d'harmonisation des normes nationales, internationales, régionales et même sous-régionales dans le domaine des droits de l'homme devrait être considérée comme une question capitale. Sans un travail de complémentarité entre la Commission et la Cour africaines en matière de contrôle et de protection des droits de l'homme et des peuples en Afrique, il ne peut y avoir de réelles avancées dans la nouvelle structuration du système et la protection desdits droits. Pour ce faire, il faudrait qu'aux plans régional et universel, la Cour africaine se conforme suffisamment à la Charte africaine et aux normes internationales de droits de l'homme définies par la Charte. En application de l'article 2 du Protocole, la Cour africaine doit respecter la Charte africaine. Sa compétence *« universelle »* ou *« indéterminée »* ne devrait en principe pas poser des problèmes dans sa collaboration avec la Commission africaine, car *« il est certain que la Charte doit demeurer, dans sa conception, dans sa formulation et son application, le noyau et la principale ressource des juges (...). La clé nous vient d'un mécanisme qui est habituellement mis au service de l'harmonisation et de l'universalisme des droits de l'homme (...) »*[227]. Puisque les juges de la Cour africaine ont compétence pour appliquer d'autres instruments relatifs aux droits de l'homme et à la seule condition qu'ils

[227] S. Kowouvih, *op.cit.* p.777.

soient ratifiés par l'État ou les États africains en cause, il reste à préciser que cette compétence facilitera les emprunts entre les divers systèmes des droits de l'homme. Loin de constituer un *« risque potentiel d'une paralysie »*[228] ou un moyen de *« dilution du "consensus africain" »*[229], cette perméabilité qui permet aux organes africains de se référer aux autres instruments universels et régionaux, ainsi qu'à la pratique de leurs organes, a pour finalité de combler les lacunes de la Charte et par conséquent, de renforcer le rôle de la Commission africaine des droits de l'homme et des peuples.

Ainsi, loin d'avoir les mêmes sources normatives, la Commission et la Cour africaines doivent respecter les dispositions des traités internationaux et aussi les mêmes procédures. Elles doivent d'une part se fonder, selon les articles 60 et 61 de la Charte, sur l'application du droit international des droits de l'homme. À l'instar de la Cour qui aura une grande marge de manœuvre, la Commission africaine fournissait déjà dans ce sens des efforts non négligeables en s'inspirant des instruments internationaux dûment ratifiés par les États africains et aux autres textes régionaux africains en vue de combler un vide juridique dans le système africain. Par exemple, dans la communication 218/98 relative aux militaires nigérians condamnés à mort par le régime Sani Abacha pour tentative de coup d'État, la Commission africaine a clairement exprimé sa position en soulignant qu'elle *« se fonde sur les précédents juridiques de plus en plus nombreux créés par des décisions prises sur presque quinze ans environ »*[230]. La Commission a longtemps et

---

228 R. Koussetogue Koude, p. 71.

229 *Ibid.* p. 779.

230 Communication 218/98, *Militaires nigérians c/ Nigeria.* Il est important de noter qu'au § 37 de cette décision, la Commission s'est référée à la décision de la Commission européenne des droits de

progressivement élargi sa marge de manœuvre en se dotant d'une compétence quasi juridictionnelle, grâce notamment à une conception universaliste et positive des droits. Cette compétence lui a permis de rivaliser les autres instruments régionaux et universels.

En outre, l'effectivité de la mission de la Commission et de la Cour africaines nécessite aussi de prendre un certain nombre de mesures sur le plan national. Dans l'application des normes, les États membres de l'Union Africaine doivent harmoniser leurs législations nationales, avec le dispositif de l'Union Africaine en matière de droits de l'homme et des Peuples. Ce dispositif étant appelé à œuvrer en étroite collaboration, *« la jurisprudence développée par la Cour africaine, en ce qui concerne les droits qui sont largement reconnus dans les systèmes juridiques internes de la plupart des pays africains, pourrait servir de point de référence et d'inspiration puissant pour les juridictions internes, les gouvernements et les sociétés civiles des différents pays, au niveau de l'interprétation de ces droits »*[231]. Tel sera le cas s'il existe au départ entre la Commission et la Cour africaines une réelle coopération et surtout une parfaite harmonie entre leurs décisions.

---

l'homme, *Van Leuven et de Meyers c/ Belgique,* après avoir constaté elle-même que le principe de publicité de la procédure, important pour le droit à un procès équitable, ne figure pas à l'article 7 de la Charte. Il s'agit ici, non plus d'un emprunt de soutien ou de confirmation, mais d'un emprunt de substitution en présence d'un vide normatif (Lire en sens A. D. Olinga, « Les emprunts normatifs de la Commission africaine des droits de l'homme et des peuples aux systèmes européen et interaméricain de garantie des droits de l'homme », *op.cit.* pp. 508-509.

[231] F. Viljoen, « Application of the African Charter on human and peoples' rights by domestic courts in Africa, 143, *Journal law of Africa* (1991), cité par C. Heyns, *op.cit.* p. 246.

B. L'harmonisation des décisions

Au regard du dynamisme de la Commission africaine des droits de l'homme et des peuples dans l'accomplissement de sa fonction de protection desdits droits, il ressort une « jurisprudence » abondante qui a jusqu'ici façonné le système africain de protection des droits de l'homme. C'est ainsi qu'*« en ajoutant "la corde juridictionnelle à son arc", la Commission a fait émerger au fil des ans des principes à caractère jurisprudentiel devant inspirer la jeune Cour africaine »*[232]. Il appartient dès lors à la Cour africaine de faire un travail juridique proprement dit et de contribuer à la formation d'une jurisprudence africaine, car, elle est pourvue des prérogatives d'un organe judiciaire lui permettant de dire, d'interpréter et d'appliquer le droit. C'est d'ailleurs dans cette perspective que la complémentarité Commission/Cour est plus perceptible, puisqu'en réalité, en statuant conjointement sur les violations des droits de l'homme, la finalité est non seulement la protection desdits droits, mais aussi l'établissement d'une jurisprudence qui permettra à l'Afrique non seulement de rivaliser avec les autres mécanismes régionaux et universels, mais aussi de s'en rapprocher davantage. En vertu de l'article 2 du Protocole, la Cour africaine doit respecter la Charte africaine et, par conséquent, elle doit se conformer aux décisions de la Commission africaine. La Commission et la Cour africaines doivent aussi tenir compte, dans l'exercice des fonctions qui leur sont assignées, de leurs relations complémentaires, afin d'assurer l'unité de la jurisprudence africaine en matière de droits de l'homme. C'est ainsi que dans le système européen, avant la réforme intervenue en 1998, la Commission et la Cour européennes ont façonné le

[232] R. Koussetogue Koude, *op.cit.* p. 67

système par leur jurisprudence abondante. Il en est de même du système interaméricain de protection des droits de l'homme.

La Cour développera ainsi sa jurisprudence à la lumière de celle établie par la Commission et celle d'autres instruments de contrôle internationaux à caractère universel ou régional. Le plus important serait de vérifier d'une part que les deux organes ne rendent pas des décisions contradictoires à l'intérieur du système régional africain et d'autre part, qu'il n'y ait pas de décalage entre leurs décisions et celles des autres Commissions et Cours régionales ou même du système des Nations Unies. Les solutions obtenues peuvent même être bien différentes, mais non discordantes. Il est vrai que cette harmonisation ne sera pas aisée, mais pour y parvenir, il sera peut-être utile, comme le pense M. Sitsofé Kowouvih, *« de recourir à un Protocole d'harmonisation pour consolider le Greffe qui a été opéré à Ouagadougou »*[233].

En somme, la nouvelle architecture institutionnelle pour la protection des droits de l'homme et des peuples africains devient de plus en plus complexe. L'examen de la complémentarité des fonctions consultatives et contentieuses entre la Commission et la Cour africaines permet de mieux comprendre le fonctionnement de ce système. Au regard de la répartition de leurs compétences, il reste vrai que c'est de l'effectivité de la relation complémentaire entre la Commission et la Cour africaines que dépendra l'avenir des droits de l'homme en Afrique. Elles sont dotées de compétences similaires qui s'emboîtent et leur permettent de statuer conjointement sur les cas de violation des droits de l'homme sur le continent noir. En vertu de son pouvoir de décision, la Cour africaine rend des avis et arrêts obligatoires qui

---

[233] S. Kowouvih, *op.cit.* p. 767.

contribuent au renforcement du pouvoir limité de la Commission qui ne dispose que d'un pouvoir de recommandation. Par ailleurs, les deux institutions sont appelées à travailler dans un contexte de réciprocité institutionnelle et normative leur offrant des perspectives d'harmonisation de la jurisprudence africaine en matière des droits de l'homme. Au demeurant, relativement au droit substantiel, les interrelations entre la Commission et la Cour africaines se caractérisent par une complémentarité des compétences. Celle-ci vaut aussi bien pour leurs compétences consultatives que contentieuses. Mais il importe de préciser qu'au regard du droit processuel, il existe également une complémentarité des procédures devant ces deux instances.

SECONDE PARTIE :

LA COMPLÉMENTARITÉ DES PROCÉDURES

La structure bicéphale de garantie des droits de l'homme empruntée aux deux précédents européen et interaméricain amène à s'interroger sur le cadre processuel du contentieux des droits de l'homme, étant donné qu'elle consacre la coexistence d'un mécanisme juridictionnel avec un autre qui est plutôt quasi juridictionnel. La Cour étant appelée à compléter et à renforcer l'efficacité de la Commission, il est évident que l'exercice de ses compétences a des répercussions sur celles de la Commission. Quelle la démarche entreprendre pour assurer une collaboration pacifique et efficace entre la Commission et la Cour africaines des droits de l'homme et des peuples ?

Par rapport à cette question, le droit processuel consacré par la Charte et le Protocole de Ouagadougou fait ressortir des règles de fond des rapports de complémentarité procédurale entre la Commission et la Cour, bien qu'elles ne soient pas assez explicites. Il est en effet logique de penser que *« le système juridique de la Charte et de la Cour se compose à la fois des principes fondamentaux de droit international qui en constituent le cadre juridique, et les règles spécifiques qui sont complémentaires de celles qui s'inscrivent dans cet ensemble »*[234]. Le Protocole de Ouagadougou prévoit une collaboration entre la Commission et la Cour africaines[235].

---

[234] H. Boukrif, *op.cit.* p. 79.

[235] Nisrine Eba Nguema, « La Commission africaine des droits de l'homme et des peuples et sa mission de protection des droits de l'homme », *La Revue des droits de l'homme* [En ligne], 11 | 2017, mis en ligne le 05 janvier 2017, consulté le 23 janvier 2017. URL : http://revdh.revues.org/2844 ; DOI : 10.4000/ revdh.2844, voir aussi Carole Valérie NOUAZI KEMKENG, « Les complémentarités inter institutionnelles dans le système africain de protection des droits de l'homme », *op.cit. ;* Samir Séro ZIME YERIMA, « La Cour et la Commission africaines des droits de l'homme et des peuples: noces constructives ou cohabitation ombrageuse? », *op.cit.*

La Commission africaine peut saisir la Cour africaine et lui transmettre une communication si elle estime ce renvoi nécessaire (Article 5 du Protocole). À son tour, la Cour africaine peut décider de renvoyer une plainte vers la Commission africaine (Article 6 (3) du Protocole). Par ailleurs, la Cour africaine peut solliciter l'avis de la Commission africaine avant de statuer sur la recevabilité d'une requête (Article 6 (1) du Protocole). Ces règles de complémentarité procédurale entre les deux institutions ont été développées et mieux encadrées par des articles 84 § 2, 114 à 123 du nouveau Règlement de procédures de la Commission africaine et des articles 26 § 1b, 29, 64, 68 (3) et 69 du Règlement de la Cour africaine. Ainsi, à la lecture de ces textes, il ressort que les rapports entre les deux institutions sont complémentaires tant au niveau de la saisine **(Chapitre 1**) que de la recevabilité des requêtes **(Chapitre 2)**.

CHAPITRE I :

LA SAISINE

En établissant la relation entre la Commission et la Cour africaines, le Protocole de Ouagadougou en son article 5 prévoit la liste des personnes, organisations ou instances qui peuvent saisir la Cour africaine pour dénoncer la violation d'un droit de l'homme par un État qui a ratifié les instruments en présence. Cet article dispose en effet que :

« *1. Ont qualité pour saisir la Cour :*

a) La Commission,

b) l'États partie qui a saisi la Commission,

c) L'États partie contre lequel une plainte a été introduite,

d) L'États partie dont le ressortissant est victime d'une violation des droits de l'homme,

e) Les organisations intergouvernementales africaines.

2. Lorsqu'un États partie estime avoir un intérêt dans une affaire, il peut adresser à la Cour une requête aux fins d'intervention.

3. La Cour peut permettre aux individus ainsi qu'aux organisations non gouvernementales (ONG) dotées du statut d'observateur auprès de la Commission d'introduire des requêtes directement devant elle, conformément à l'article 34 (6) de ce Protocole ».

Il convient de préciser que les dispositions des paragraphes 1 et 3 ont été reprises par l'article 33 du Règlement intérieur de la Cour africaine. De façon générale, pour qu'il y ait contentieux, il faut au préalable saisir un organe compétent qui peut être un organe juridictionnel ou quasi juridictionnel. Par définition, la saisine est *« l'ensemble des questions dont une juridiction se trouve saisie, qui sont soumises à sa connaissance et sur lesquelles elle est tenue de répondre aux conclusions des parties »*[236]. Plus concrètement, elle représente un ensemble de formalités par lesquelles un plaideur porte son différend devant une juridiction afin que celle-ci examine la recevabilité et le bien-fondé de ses prétentions. On peut alors comprendre que la Cour africaine est compétente pour recevoir les requêtes de la Commission, des États parties qui ont un intérêt dans l'affaire et des OIG africaines. Ce sont là des « requérants privilégiés » pour reprendre la terminologie utilisée devant la Cour européenne des droits de l'homme. Il s'agit là véritablement de la « saisine directe » inspirée des Protocoles 9 et 11 à la CEDH.

Toutefois, l'article 5 *§* 3 du Protocole offre aussi la possibilité pour les auteurs des communications non étatiques, à savoir les individus et les ONG dotés d'un statut d'observateur auprès de la Commission africaine, de saisir directement la Cour africaine. Au regard de la pratique africaine et de la condition prévue par le Protocole pour la saisine de ce type de requêtes c'est-à-dire la déclaration préalable d'acceptation de la compétence de la Cour, l'on peut constater avec Mme Fabienne Quilleré-Majzoub que cette « saisine directe » de la Cour est une *« pure invention »*[237]

---

[236] G. Cornu, *op.cit.* p. 810.
[237] F. Quilleré-Majzoub, *op.cit.* p. 759

puisqu'au cas où cette condition n'est pas respectée, les auteurs des communications non étatiques ne pourront saisir la Cour qu'en faisant l'économie d'une saisine et d'une procédure préalable devant la Commission africaine. Cette analyse permet d'opérer un *distinguo* entre la « saisine directe » **(section 1)** et la « saisine indirecte » **(section 2).**

Section 1 : La saisine directe

Dans le système africain actuel, la Cour africaine a ouvert la voie, en premier chef, à des requérants de plein droit telle que la Commission africaine. À la lecture du Protocole additionnel à la Charte africaine, ce droit de saisine directe accordé à la Commission africaine ne peut pas surprendre. Il trouve son fondement dans les difficiles conditions d'accès direct des requérants à la Cour africaine. Généralement, la requête individuelle vise l'État national or, il est difficile pour un autre État de porter l'affaire devant la Cour. Ce *« droit de saisine accordé à la Commission africaine corrige cette rupture de l'égalité entre l'individu requérant et l'État défendeur et apparaît comme le substitut du droit de recours individuel devant la Cour »*[238] **(I)**. En second lieu, le droit de saisine directe accordé aux autres entités est la possibilité pour ces derniers de saisir la Cour sans au préalable passer par la Commission **(II)**.

Paragraphe 1 : Le droit de saisine accordé à la Commission africaine

L'article 5 § 1 (a) du Protocole qui accorde à la Commission le droit de saisir la Cour africaine constitue le fondement même de la relation complémentaire entre ces

---

[238] F. Sudre, *op.cit,* 1re édition, 1989, p. 228.

deux organes. En fait, la dualité du mécanisme africain de protection des droits de l'homme obéit à la logique suivant laquelle *« la saisine directe est reconnue à la Commission dont les rapports avec la Cour se complètent et s'imbriquent tout au long de la procédure*[239]. En l'état actuel de l'évolution du système africain des droits de l'homme, le Protocole de Ouagadougou et les règlements intérieurs révisés de la Commission (article 118) et de la Cour africaines précisent les conditions dans lesquelles la Cour peut être saisie par la Commission africaine. Toutefois, à la lecture des dispositions de ces textes, il y a lieu de constater la consécration d'une pratique de « division du travail » entre la Commission et la Cour qui a caractérisé les systèmes européen (avant la réforme intervenue en 1998) et interaméricain de protection des droits de l'homme[240]. Pour mieux illustrer le droit de saisine accordé à la Commission, il importe de se référer à ces deux précédents régionaux. Aussi convient-il d'examiner l'exercice du droit de saisine par la Commission **(A)** et la procédure de saisine **(B).**

A. L'exercice du droit de saisine

L'intelligence du droit de saisine accordé à la Commission africaine des droits de l'homme et des peuples dans la nouvelle architecture du système africain commande d'examiner d'une part, la qualité de saisine et d'autre part, l'étendue de ce droit de saisine.

---

[239] H. Boukrif, *op.cit,* p. 71.

[240] Dans le système interaméricain, l'article 61 § 1 de la CADH reconnaît la compétence de saisine de la CIADH aux seuls États parties à la présente Convention et à la Commission américaine.

1. La qualité de saisine

En tant qu'organe de contrôle du système africain de protection des droits de l'homme, la Commission africaine saisit la Cour africaine pour qu'elle se prononce sur une affaire qui a été portée à sa connaissance, et ce, dans l'optique d'obtenir une décision définitive et contraignante.

Dans l'ancien système européen de protection des droits de l'homme, la Commission n'avait saisi la Cour que très rarement. Quand elle décidait d'introduire une affaire devant la Cour pour la première fois en 1959, elle jouait le rôle d'« auxiliaire » de la Cour. Elle assumait par ailleurs celui de « représentant » du requérant individuel. Ainsi, si l'ex-Commission européenne devait prendre en compte les thèses individuelles devant la Cour, elle n'avait pas pour autant la qualité de "partie". Comme l'affirme le Professeur Frédéric Sudre, elle assurait devant la Cour un rôle similaire à celui du commissaire du gouvernement devant le Conseil d'État[241].

Cette absence de l'individu dans la procédure a été comblée progressivement par la jurisprudence de la Cour européenne qui a fait participer indirectement celui-ci à l'examen de l'affaire, soit en l'auditionnant personnellement comme ce fut le cas dans l'affaire Lawless[242], soit en recueillant ses observations directement par l'entremise d'un conseil ou d'un avocat agissant en qualité "d'assistant de la Commission"[243]. Une situation contraire a prévalu en Amérique pendant longtemps, car selon l'article 28 du Statut de la Cour interaméricaine, la Commission agit en tant que "partie en cause". Cet article dispose *in fine* que : *« la Commission*

---

241 F. Sudre, *op.cit.* 5e édition, pp. 408-409.
242 CEDH, A.1, Affaire *Lawless c/ Irlande,* 14 novembre 1960.
243 CEDH, A.2, Affaire *Lawless c/ Irlande,* 7 avril 1961.

interaméricaine des droits de l'homme comparaîtra devant la Cour interaméricaine des droits de l'homme comme partie en cause dans toutes les espèces relevant de la juridiction ordinaire de la Cour (...) ». La Commission est appelée à jouer un rôle de partie de bonne foi ou de ministère public dans les cas soumis à la Cour interaméricaine.

Le Protocole de Ouagadougou donne qualité à la Commission de saisir la Cour sans toute autre précision. L'on peut penser qu'en tant qu'organe, elle jouera le rôle de partie en cause, mais le plus souvent, elle agira en représentation du requérant non étatique. Quelle est l'étendue de ce droit de saisine ?

2. L'étendue du droit de saisine : faculté ou obligation ?

Si l'on s'en tient au fait que la Commission est un organe de l'UA, elle peut à ce titre avoir, à l'instar de la Commission interaméricaine, la faculté de saisir la Cour.

Il convient de préciser que la saisine de la Cour par la Commission relève de son pouvoir discrétionnaire. Il ne s'agit pas en fait d'une obligation, la Cour africaine étant un "auxiliaire de taille" dans l'accomplissement des missions assignées à la Commission. L'on peut relever que c'est ce qui a d'ailleurs été à l'origine de la réticence de la Commission interaméricaine à saisir la Cour parce qu'aucun texte ne l'y obligeait. À la lecture de l'ex-article 48 de la CEDH, il ressort que cette disposition n'établit aucune obligation à la charge de la Commission[244]. Cet article disposait que « *la Cour peut être saisie (...)* ». Par contre, dans le système

[244] F. Sudre, 5e édition, *op.cit.* 408.

interaméricain actuel, la Commission interaméricaine a l'obligation de saisir la Cour.

La Cour et la Commission africaines devraient s'en inspirer. Il s'agit en réalité d'« *une aide* » comme le pense le Professeur Frédéric Sudre. Dans ce sens, la Commission européenne a l'obligation d'assister la Cour dans ses fonctions. C'est ce qui ressort de la décision de la Cour rendue à propos de l'affaire Lawless précitée en ces termes : *« Une fois la Cour saisie d'une affaire, la Commission devient principalement une aide de la Cour et est associée au fonctionnement de celle-ci, mais que même dans cette phase de procédure, elle exerce les attributions qui dérivent directement de la Convention et ne sont pas fixées par la Cour »*[245].

La Commission africaine est en droit de saisir la Cour africaine pour les cas de violation des droits de l'homme. Dans ce cas, se référant au système interaméricain, le Juge Pedro Nikken souligne que *« la Commission a les pouvoirs de saisir la Cour pour l'examen des cas contentieux, de comparaître à toutes les audiences auxquelles donnent lieu les affaires évoquées devant la Cour (article 59 CADH), de demander à la Cour des mesures provisoires dans les cas d'extrême gravité, pour éviter à des personnes des dommages irréparables, lorsqu'il s'agit d'un cas non encore soumis à la juridiction de la Cour (article 63 § 2 CADH), de consulter la Cour sur l'interprétation de la convention américaine ou d'autres traités concernant la protection des droits de l'homme dans les États américains (article 19 § (d) du Statut de la Commission interaméricaine »*[246].

---

[245] *Ibid.* p. 409.
[246] P. Nikken, *op.cit.* pp. 105-106.

Si en dehors des cas énumérés à l'article 118 (1, 2, 3) du nouveau Règlement intérieur de la Commission africaine, le paragraphe 4 du même article précise que *« la Commission peut saisir la Cour à tout moment de l'examen d'une communication, si elle le juge nécessaire », c'est dire* que la saisine de la Cour africaine par la Commission relève certes de son pouvoir discrétionnaire[247] ; mais si en se référant au système interaméricain, de telles dispositions sont consacrées dans le système africain, la Commission africaine pourra se trouver dans l'obligation de saisir la Cour. Dans ce cas, elle est supposée suivre une procédure.

B. La procédure de saisine

Le Protocole additionnel à la Charte ne précise pas la procédure de saisine de la Cour par la Commission. Les questions relatives au délai ou au moment de saisine sont absentes du vocabulaire du Protocole. Lorsque la Commission saisit la Cour pour examen des cas contentieux, doit-elle la saisir après avoir rendu sa décision sur la question ou avant ? Quels en sont les délais ?

1. La Saisine *a posteriori*

La Charte africaine prévoit que, lorsque la Commission est saisie d'une requête, elle doit essayer par tous les moyens nécessaires de parvenir à une solution amiable fondée sur le respect des droits de l'homme et des peuples[248]. La Commission établit dans un délai raisonnable à partir de la notification prévue à l'article 48,

[247] Aucune précision n'est apportée sur les facteurs devant être pris en compte par la commission africaine lorsqu'elle décide de transférer ou non une affaire à la Cour.

[248] Article 52 de la Charte africaine.

un rapport relatant les faits et les conclusions auxquelles elle a abouti. Ce rapport est envoyé aux États concernés et communiqué à la Conférence des Chefs d'État et de gouvernement, organe de décision. Cette procédure est celle qui existait avant l'avènement de la Cour.

En l'état actuel du système africain, il ressort des articles 5 § 1(a) du Protocole et 29 § 3(a) du Règlement intérieur de la Cour africaine que la procédure se poursuivra devant la Cour africaine. Cette dernière disposition précise que : *« Lorsqu'en application du Protocole, article 5(1)a), la Commission saisit la Cour, elle lui transmet en même temps que son rapport toutes les pièces relatives à la procédure en cause (...) »* Ainsi, la Commission tâchera de saisir la Cour africaine dans les délais précisés à l'article 38 de la Charte après échec de règlement amiable entre les parties[249]. Quoi qu'il en soit, la Cour peut être saisie dans les trois mois à compter de la date de la présentation du rapport annuel de la Commission à la Conférence des Chefs d'État et de gouvernement.

C'est le même système qui a cours en Amérique. Il importe de préciser que dans ce système, la saisine de la Cour par la Commission interaméricaine est conditionnée par la constatation, dans son rapport, de l'existence d'une violation des droits de l'homme. En Europe, de 1950 à 1998, la Commission européenne jouait le rôle d'instruction préparatoire. Elle pouvait procéder à un règlement amiable et, en cas d'échec, à l'examen de l'affaire[250]. À la suite de cette instruction, elle établissait un rapport comportant son avis sur l'existence ou non d'une violation des droits garantis par la Convention de

[249] L'article 38 de la Charte précise un délai de 3 mois à compter de la date l'échec du règlement amiable.
[250] Article 47 de la CEDH (Convention initiale).

sauvegarde des droits de l'homme et des libertés fondamentales de 1950. Elle saisissait, pour décision, dans un délai de 3 mois, soit la Cour européenne par un recours judiciaire, soit le Comité des ministres par un recours politique[251].

L'on constate donc que la Commission africaine peut saisir la Cour africaine après avoir donné son avis sur la question. Il s'agit là, à notre sens, d'une voie de recours permettant au requérant de se rassurer de la qualité de la garantie de ses droits. La Cour étant supposée mieux les protéger, elle peut procéder à un nouvel examen de l'affaire et prononcer une décision définitive et contraignante. Cependant, il peut y avoir des situations dans lesquelles la Commission saisit directement la Cour d'un cas de violation qui a été porté à sa connaissance, sans avoir à l'examiner ou à décider s'il y a eu ou non violation des droits de l'homme.

2. La saisine *a priori*

Il est évident que la Commission saisira la Cour africaine pour des cas contentieux. Mais l'on peut se demander si cette saisine pourra être automatique, c'est-à-dire *in limine litis*.

Sur cette question, l'on peut espérer que la complémentarité entre la Commission et la Cour va s'exercer dans toute sa plénitude et que l'attitude de la Commission africaine sera calquée sur celle de la Commission interaméricaine plutôt que sur celle de la Commission européenne. En effet, dans le système européen, la Commission européenne n'avait jamais considéré que le fait d'avoir préalablement constaté une violation dans son rapport était une condition *sine qua non*

[251] Article 32 § 1 de la CEDH.

à la saisine de la Cour européenne. Car, la Commission européenne avait très souvent déféré à la Cour européenne des affaires dans lesquelles elle n'avait pour sa part constaté aucune violation des droits de l'homme[252].

La motivation de la Commission européenne pour saisir la Cour n'avait jamais résidé dans la volonté de voir confirmer ses conclusions, mais avait toujours été de donner à l'organe juridictionnel de contrôle de la protection des droits de l'homme en Europe, les moyens de connaître de toutes les affaires dans lesquelles les problèmes juridiques importants se posaient.

Quoi qu'il en soit, ce problème de procédure de saisine de la Cour par la Commission africaine et les délais de saisine ne se serait pas posé aujourd'hui si les termes de l'article 8 de l'avant-projet du Protocole portant création de la Cour africaine avaient été finalement adoptés.[253]

---

[252] CEDH, A.2, Affaire Lawless c/ Irlande, 7 avril 1961, précitée.

[253] Il ressort de cette disposition que la saisine de la Cour n'était possible qu'après l'épuisement de la procédure devant la Commission africaine, la présentation des rapports y afférents à la Conférence des Chefs d'État et de Gouvernement et dans un délai de 3 mois à compter de la connaissance des affaires par la Conférence. Cet article 8 de l'avant-projet de Protocole disposait *in fine* que *« 1) La Cour ne connaît d'une affaire introduite dans le cadre de l'article 49 de la Charte africaine qu'après la préparation par la Commission du rapport prévu à l'article 52 de la Charte. 2) La Cour ne peut connaître d'une espèce introduite dans le cadre de l'article 55 de la Charte africaine qu'après l'étude de l'affaire par la Commission et la préparation d'un rapport ou la prise d'une décision. 3) La Cour ne peut connaître d'une affaire qu'après la soumission du rapport de la Commission à la Conférence des Chefs d'État et de Gouvernement et dans un délai de 3 mois à partir de cette soumission. 4) Quand une affaire respecte les stipulations précédentes et après une procédure équitable, la Cour peut décider de la rejeter à la majorité des 2/3 de ses membres si une des causes d'irrecevabilité prévues à l'article 56 de la Charte africaine n'est pas remplie »,* cité par F. Quilleré-Majzoub, *op.cit.* p. 761-762.

Mais, des imprécisions subsistent à ce sujet. L'on peut simplement relever que la qualité de saisine de la Cour reconnue à la Commission n'est pas un fait du hasard. Elle fonde la relation complémentaire entre ces deux organes dans le but d'une protection efficace des droits de l'homme. La Cour africaine devrait, lors de l'adoption des textes devant établir la répartition des tâches, prendre en compte toutes les considérations. Toutefois, la Commission n'est pas le seul requérant de plein droit devant la Cour, les États parties et les OIG jouissent également de ce droit de saisine directe.

Paragraphe 2 : Le droit de saisine accordé aux autres entités

Les États parties ayant un intérêt à l'affaire et les OIG africaines sont, selon les termes de l'article 5 § 1 (b, c, d, et e) du Protocole, les requérants privilégiés de la Cour africaine. Après avoir précisé la qualité d'État parties et d'OIG **(A)**, il convient de relever le droit de saisine accordé aux individus et aux ONG **(B).**

A. Le droit de saisine accordé aux États parties et aux OIG

Il est logique que les États parties au Protocole de Ouagadougou soient à même de saisir la Cour africaine de toutes communications. Mais il sera opportun de s'attarder sur les ambiguïtés soulevées par l'article 5 § 1(b) du Protocole sur les rapports Commission/ Cour africaines.

1. La qualité de requérant reconnue aux États parties et aux OIG

Il convient de s'attarder sur leurs différentes qualités de saisine qui ont été précisées par le Protocole à la Charte, et d'une manière ou d'une autre, elles évoquent la relation

Commission/Cour. Par ailleurs, outre la Commission africaine, la Cour africaine peut également être saisie par les OIG africaines.

a. Les recours étatiques

Les États parties au protocole ont la possibilité de saisir la Cour africaine de manière directe aussi bien en tant que défendeur qu'en tant que partie.

En tant que défendeur, l'article 5 § 1(c) permet à l'État contre lequel une requête a été introduite devant la Cour de la saisir de manière automatique.

En tant que partie, l'État africain dont le ressortissant est victime d'une violation des droits de l'homme jouit des mêmes prérogatives[254].

Dans ces deux cas, la saisine ne pose aucun problème en ce sens qu'en réalité, elle ne met pas la Cour en relation avec la Commission, à moins que la Cour n'en décide autrement. La condition que ces États doivent remplir est celle d'être partie à la Charte et au Protocole. En plus, il faut qu'ils aient accepté la juridiction de la Cour. Il convient de relever ici que dans le système européen actuel, la Cour a automatiquement compétence à l'égard de toutes les affaires interétatiques dont elle est saisie. En ce qui concerne l'État partie qui a saisi la Commission africaine[255] d'une affaire, il a le droit de saisir directement la Cour et dans ce cas, cette affaire sera renvoyée devant la Cour par la Commission. Cette saisine intermédiaire est problématique dans la mesure où il y a tout lieu de se demander s'il s'agit d'une saisine directe ou indirecte ? De toute manière, il est évident que c'est ce recours qui illustre mieux la corrélation entre les deux organes. À la réalité, dans le cadre des relations Commission/Cour, les

[254] Article 5 § 1 (d) du Protocole.
[255] Article 5 § 1 (b).

recours étatiques posent de manière générale un certain nombre de difficultés sur lesquelles il sera important de revenir.[256]

b. Le recours des OIG africaines

Les OIG africaines ont une compétence en vertu de l'article 5 § 1(e) du Protocole à saisir la Cour en matière consultative et contentieuse. En plus des organes de l'UA, ces OIG comprennent les communautés économiques régionales africaines[257]. Mais elles sont limitées aux questions relevant de leurs compétences[258]. Il s'agit de l'une des spécificités de la Cour africaine par rapport aux autres Cours régionales. Il importe de remarquer que cette clause qui permet d'ouvrir largement la saisine de la Cour africaine, offre une image d'ouverture qui ne devrait cependant pas être effective en pratique[259], ce d'autant plus qu'elles se comporteraient comme des États qui sont peu enclins à engager des actions contentieuses contre d'autres États. Il semblerait donc que les OIG africaines à même de saisir les organes de contrôle du système africain doivent logiquement se réduire aux organes de l'UA[260].

De par leur nature intergouvernementale qui les rend sensibles aux inspirations étatiques et aussi au regard de la

[256] Voir *infra*, (B).

[257]Il s'agit de la CDEAO, de la CEMAC, de la CEEACC, de la SADC, de l'UMA, du COMESA et de la CEA.

[258] Aucune OIG africaine n'est compétente en matière de protection des droits de l'homme à l'échelle du continent africain, exception faite de l'UA.

[259] F. Quilleré-Majzoub, *op.cit.* p. 757.

[260] Il s'agit des organes qui ont des compétences spécifiques en matière de protection des droits de l'homme tels que la Conférence des Chefs d'État et de Gouvernements parce que la Commission lui soumet les rapports confidentiels qu'elle a préparés sur les communications et le Secrétaire général de l'UA qui reçoit les communications puis les soumet à la Commission africaine.

pratique qui a eu cours avant l'avènement de la Cour africaine, il semble qu'elles auront à saisir plus fréquemment la Commission africaine, la CJUA ou les Cours économiques régionales[261]. Car au même titre que les États, elles auront à préserver leur honorabilité au vu et au su de tous. Dans ce cas, c'est la Commission qui se chargera de déférer de telles affaires devant la Cour africaine. D'où son rôle primordial dans la procédure. En effet, c'est cette double possibilité de saisine soit de la Commission, soit de la Cour qui fait problème en l'état actuel des textes africains de protection des droits de l'homme et des peuples.

2. Les ambiguïtés de l'article 5 § 1(b) du Protocole sur les rapports Commission/ Cour africaines

Il importe de présenter l'état des lieux des difficultés qu'engendre une telle disposition dans le nouveau système africain de protection des droits de l'homme, avant de présenter le contexte dans lequel elle peut se justifier.

a. La position du problème

De façon générale, au regard de l'expérience de la Commission africaine et aussi des organes de contrôle des systèmes européen et interaméricain, les États ont

---

[261] Mais dans ce cas précis, il sera difficile pour les Cours économiques régionales d'effectuer un renvoi à la Cour ou à la Commission africaines parce que présentement aucun texte ne le prévoit (lire à ce sujet, Chidi A.Odinkalu, « Complémentarité, Compétition ou Contradiction : la relation entre la Cour africaine des droits de l'homme et des peuples et les Cours Economiques Régionales en Afrique Australe et de l'Est », *Communication présentée à la Conférence des États d'Afrique Australe et de l'Est sur le Protocole établissant la Cour africaine des droits de l'homme et des peuples*, Gaborone, Botswana, 9-10 décembre 2003, (Article non publié). lien : http:/www.africancourtcoalition.org/content files/files/chidiSurlaComplementarite.doc

rarement saisi l'organe juridictionnel ou quasi juridictionnel pour des cas contentieux[262]. Ceci se justifie d'une part, par l'esprit de solidarité africaine qui a toujours existé entre les États africains et d'autre part, par le respect du sacro-saint principe de la souveraineté des États. Par ailleurs, l'on peut se permettre de préciser que ce sont ces facteurs qui étaient à l'origine du refus de la création de la Cour africaine. Avec la structure bicéphale aujourd'hui, les États africains ont une possibilité de choisir l'organe compétent pour juger les violations dont ils sont victimes. Ils peuvent saisir soit la Cour, soit la Commission en tant que demandeurs. D'où les objections au sujet de leur compétence de saisine.

Relevons que l'article 5 § 1(b) qui donne la possibilité à l'État partie qui a saisi la Commission en vertu de l'article 47 de la Charte de saisir de nouveau la Cour africaine, engendre au regard de la double compétence de saisine de nombreuses confusions entre les rôles respectifs de la Cour et de la Commission. Cette ambiguïté a déjà fait l'objet de nombreuses préoccupations. En fait, si on

---

262 La pratique internationale montre que pour diverses raisons, les États sont peu enclins à déposer des plaintes contre d'autres États. À ce jour, seulement deux requêtes interétatiques ont été déposées devant la Commission interaméricaine (l'une d'elles a été déclarée irrecevable, car elle était déposée contre un État lui-même, le Costa Rica) ; l'autre, Nicaragua c/ Costa Rica, qui date de 2007 a également été déclarée irrecevable au motif que les voies de recours n'étaient pas épuisées). Cela a été le cas une vingtaine de fois contre des dizaines de milliers de plaintes individuelles devant la Cour européenne. Voir en ce sens le *Guide pratique, op.cit.* p. 45. Mais, il convient de préciser que l'expérience de la Commission africaine a démontré que sa jurisprudence est à ce jour, constituée majoritairement des décisions rendues à la suite des plaintes introduites par les individus et les ONG (Par ailleurs, elle a rendu sa première décision relativement à une affaire interétatique en 2006 dans son 20e rapport d'activité. Il s'agit de la communication 227/1999, République Démocratique du Congo c/ Burundi, Rwanda et Ouganda.

accorde aux États la qualité pour défendre leurs intérêts devant la Cour, la raison d'être de la saisine de la Commission tombe d'elle-même. L'État justiciable n'ayant plus un intérêt à la saisir pour faire valoir ses droits étant donné le caractère non exécutoire de ses décisions[263]. Cette clause s'explique par *« l'abandon de la spécificité africaine »*[264] ou de l'arbre à palabres qui a longtemps marqué le contentieux africain. Il s'agit là d'une opinion pertinente à plus d'un titre. Ces auteurs veulent signifier que l'avènement de la Cour rend caduc le recours devant la Commission. C'est dire qu'elle est mise en chômage technique, car n'étant plus sollicitée. Sur le plan des rapports Commission/Cour, cela veut dire qu'il y a incompatibilité d'existence entre les deux organismes, car selon les orientations du § 1 (a) et (b) de l'article 5 du Protocole, les États ont en même temps une compétence de « saisine directe » et de « saisine indirecte ».

Cette analyse paraît adéquate aussi dans la mesure où la saisine de la Cour vise la sanction de la violation d'un droit alors que les décisions de la Commission africaine sont moins contraignantes. De ce fait, loin d'être *« un accessoire »*[265], la Cour africaine occupe une place importante dans le système même si le règlement amiable constitue un préalable l'action contentieuse[266]. En outre, suivant l'adage *« Accessorium sequitur principale »*, l'accessoire pouvant exister indépendamment du principal, il convient de constater que la Cour est dotée des moyens lui permettant de fonctionner même en l'absence de la Commission comme c'est le cas dans le système européen. Bien plus, dans l'ordre juridique international aujourd'hui, il est important de faire primer la fonction coercitive sur la

---

[263] N.Chaouachi, *op.cit.* p 279.
[264] F. Quilleré-Majzoub, *op.cit.* p. 731.
[265] S. Kowouvih, *op.cit.* p. 766 et ss.
[266] Article 9 du Protocole.

conciliation qui n'a jusqu'ici connu que peu de succès en Afrique. En effet comme le souligne le Professeur Jean Didier Boukongou, *« la théorie de l'arbre à palabres comme une modalité africaine de règlement des litiges n'est qu'une escroquerie anthropologique qui vise à masquer les dysfonctionnements dont la culture africaine n'est ni responsable ni l'un des vecteurs. À dire vrai, les dictateurs africains se sont drapés de ce discours savamment appuyé pour faire oublier les souffrances des victimes »*[267]. C'est pour cette raison que, même avec l'institution de la Cour africaine, *« les États africains restent en majorité réfractaires à la dynamique juridictionnelle qui mettrait en cause leur responsabilité en matière de violation des droits de l'homme »*[268]. Or, dans le contexte purement africain, cette disposition trouve bien un fondement pratique.

b. La justification de l'article 5 § 1 (b) du Protocole

Cet article peut être appréhendé dans la logique suivant laquelle la spécificité culturelle africaine tend plus à la conciliation qu'au contentieux. La conciliation en question étant mieux perçue par un recours devant la Commission plutôt que devant la Cour. En effet, la logique de la conciliation qui a inspiré les travaux d'élaboration de la Charte africaine présente un atout diplomatique parce que préservant l'honorabilité des souverainetés africaines. La raison officielle de cette option avait été résumée par l'un des rédacteurs de la Charte africaine en ces termes : *« Nous avons recours à la justice pour régler des conflits à l'amiable, mais nous sommes rarement en conflit au sens contentieux du terme »*[269]. C'est dans ce sens que

[267] J. D. Boukongou, *op.cit.* pp. 140-141.

[268] *Ibid.* p. 141.

[269] K. M'Baye, Rapport introductif sur la Charte africaine des droits de l'homme et des peuples, Commission internationale des juristes (éd).

l'article 5 § 1 (b) revêt toute sa pertinence. Toutefois, cette question de rupture de la procédure de la conciliation ne fait pas l'unanimité de la doctrine.

Les rédacteurs du Protocole ont juste voulu prendre en compte les spécificités africaines. Comme l'affirme M. H. Boukrif, *« la Charte précise que la codification des règles juridiques relatives à la mise en œuvre soit à la Commission, soit celles de la Cour, devrait tenir compte, en premier lieu, des pratiques et des valeurs africaines »*[270]. Cette thèse est soutenue par des auteurs tels que M. Sitsofé Kowouvih lorsqu'il déclare que *« l'option juridictionnelle n'est pas la négation du mécanisme de l'arbre à palabre »*[271], bien au contraire *« la spécificité africaine en sort renforcée »*[272] par la continuité de la procédure de règlement amiable. Il ne semble pas juste de dire que l'existence de la Cour rend *de facto* la Commission obsolète dans la mesure où elle pourra, à l'instar de la Commission interaméricaine, servir de filtre aux cas transmis en dernière instance devant la Cour[273].

Dans cette hypothèse, l'affaire sera tranchée par la Commission. Mais, dès lors que la Commission ne parvient pas à obtenir un règlement amiable, la Cour sera saisie de l'affaire et dans ce cas, les rapports entre la Commission et la Cour s'effectueront dans une « structure à deux étages » ou à « double niveau » comme l'a souligné le Professeur Alain Didier Olinga[274]. En réalité, le

---

Droits de l'homme et des peuples en Afrique et la Charte africaine, Genève, pp. 28-29, cité par M. Mubiala « La Cour africaine des droits de l'homme et des peuples : mimétisme institutionnel ou avancée judiciaire ? » *op.cit.* p. 768.

[270] H. Boukrif, *op.cit*, p. 79.

[271] S. Kowouvih, *op.cit.* p. 760

[272] *Ibid.* p. 761.

[273] N. Loum, *op.cit,* p. 31.

[274] A.D. Olinga, *note supra* n°53, p. 172.

« Protocole ne prévoit pas la saisine concomitante par un État de ces organismes comme il ne définit pas les critères de compétences et les conditions dans lesquelles la Commission est tenue de se dessaisir d'une affaire au profit de la Cour »[275].

B. Le droit de saisine accordé aux individus et aux ONG

Le Protocole de Ouagadougou soumet l'accès des particuliers aux conditions de saisine strictes qui limitent par conséquent leur accès à la justice régionale africaine des droits de l'homme.

1. Les conditions de saisine directe

Les articles 5 (3) et 34 (6) du Protocole exigent à l'égard des individus et des ONG ayant le statut d'observateur auprès de la Commission, une déclaration supplémentaire dite, déclaration d'acceptation de la compétence de la Cour par l'État concerné en vue de la saisine directe de la Cour africaine.

a. La déclaration d'acceptation de la compétence de la Cour

En principe, la Commission et la Cour africaines sont compétentes de plein droit pour connaître de toutes communications qu'elles soient étatiques ou non, contrairement à ce qui prévaut dans le système européen de protection des droits de l'homme. Dans ce système, il n'est plus nécessaire que la compétence de la Cour soit soumise à la déclaration d'acceptation de la compétence obligatoire, car la simple ratification de l'instrument suffit. Par contre, dans le système interaméricain, l'exigence

[275] H. Boukrif, *op.cit.* p. 81.

d'une telle déclaration est avérée[276]. En effet, dans le système africain, pour que les communications non étatiques parviennent directement à la Cour, les États parties au Protocole doivent avoir souscrit à la déclaration de l'article 34 § 6 du Protocole leur octroyant ce droit. En vertu de l'article 34 (6) du Protocole de Ouagadougou qui dispose qu'*« à tout moment à partir de la ratification du présent Protocole, l'État doit faire une déclaration acceptant la compétence de la Cour pour recevoir les requêtes énoncées à l'article 5(3) du présent Protocole, la Cour ne reçoit aucune requête en application de l'article 5(3) intéressant un État partie qui n'a pas fait une telle déclaration »*.

b. Le statut d'observateur auprès de la Commission africaine

Devant la Cour africaine, les ONG ont un accès direct lorsque la condition de l'acceptation de la juridiction de la Cour a été respectée. Le Protocole de Ouagadougou y ajoute une condition supplémentaire qui est celle du Statut d'observateur auprès de la Commission africaine[277]. Cette qualité pour agir a été traitée dans plusieurs affaires devant la Cour. Dans *l'affaire de l'Association des Juristes d'Afrique pour la Bonne Gouvernance c/ Côte d'Ivoire*[278] dans laquelle, après une vérification du statut d'observateur auprès du Secrétaire général de la Commission africaine, la Cour a conclu que ladite ONG n'a pas qualité pour la saisir. Cette condition préalable a suffi pour que la Cour se déclare incompétente sans toutefois vérifier si la République de Côte d'Ivoire avait

[276] Article 62 §§ 1 et 2, article 45 §§ 1, 2, 3, 4, et 5 de la CADH.
[277] Voir *Célébration des 30 ans de la Charte africaine. Un guide sur le système africain des droits de l'homme,* Centre for Human Rigths, Pretoria University Law Press (PULP), 2011, 69 p.
[278] Cr. ADHP, requête n°006/2011, affaire des *Juristes d'Afrique pour la Bonne Gouvernance c/ Côte d'Ivoire,* décision du 16 juin 2011.

souscrit à la déclaration spéciale d'acceptation de sa compétence. Ce qui n'a pas été le cas dans *l'affaire Convention nationale des syndicats du secteur éducation (CONASYSED) c/ République du Gabon,* dans laquelle la Cour s'est déclarée incompétente sur la base d'un double constat : *« la Cour observe enfin que la CONASYSED ne possède pas le statut d'observateur auprès de la Commission et qu'en tout état de cause, la République du Gabon n'a pas fait la déclaration visée à l'article 34 § 6 du Protocole »*[279]. Cette double condition constitue un véritable obstacle pour l'accès direct des ONG à la Cour africaine, ce qui ne favorise pas les victimes des violations des droits de l'homme.

Sans accès direct, les requérants non étatiques seront alors obligés de déposer une communication auprès de la Commission africaine des droits de l'homme et des peuples qui pourra décider ou non de saisir la Cour. En fait, il est important de relever qu'au regard de la Charte africaine, la saisine de la Commission n'est pas subordonnée à la déclaration d'acceptation de la compétence obligatoire. En l'état actuel du système africain de protection des droits de l'homme, une telle condition limite l'accès des individus à la Cour africaine.

2. La limitation de l'accès au juge

L'article 5 § 3 du Protocole exige à l'égard des individus et des ONG ayant le statut d'observateur auprès de la Commission, une déclaration supplémentaire dite, déclaration d'acceptation de la compétence de la Cour par l'État concerné. Quant à l'article 34 § 6 du même texte, il fait interdiction à la Cour de recevoir des communications

---

279 Cr. ADHP, requête n°012/2011, affaire *Convention nationale des syndicats du secteur éducation (CONASYSED) c. République du Gabon,* Décision du 15 décembre 2011, Paragraphe 10.

ou de connaître d'une affaire intéressant un État partie si elle n'a pas formellement reçu la déclaration susmentionnée.

En fait, la déclaration d'acceptation de la compétence de la Cour s'inspire de l'article 36 § 2 du Statut de la CIJ qui oblige les États à reconnaître la compétence obligatoire de la Cour en cas de litige. Les individus et les ONG ne peuvent saisir directement la Cour que si leur État a en plus de la ratification du Protocole rempli cette obligation. Pour se faire, elle doit être notifiée non pas à la Cour, mais déposée directement, en tant qu'acte séparé des instruments de ratification, auprès du Secrétaire général de l'UA qui en informe les États membres.

Il est important de relever que les rédacteurs du Protocole empruntent ainsi la procédure qui existait dans le cadre européen avant la réforme de 1998. Il fallait une déclaration spécifique en ce qui concerne les communications individuelles[280]. Dans le cadre américain, cette déclaration est nécessaire en ce qui concerne les communications étatiques[281].

En fait, pour atteindre les objectifs visés par le Protocole sur l'effet utile de la saisine directe dans le système africain, non seulement l'article 34 § 6 s'ajoute aux conditions sévères déjà prévues à l'article 56 de la Charte, mais elle constitue également une condition *sine qua non* du droit de recours individuel devant la Cour africaine[282]. Il serait peu réaliste de penser que les États africains ou même les OIG africaines vont saisir la Cour si les individus qui sont les victimes des violations des droits de l'homme ne peuvent pas avoir accès direct à la Cour.

---

[280] Article 25 de la CEDH.

[281] Article 45 de la CADH.

[282] M. Mubiala, *Le système régional africain de protection des droits de l'homme, op.cit.* p. 110.

C'est d'ailleurs pour cette raison que le Professeur Jean Didier Boukongou affirme que *« les voies d'accès à ce système sont sinueuses et escarpées, décourageant ainsi de nombreuses victimes qui tentent de les emprunter »*[283]. La pratique de la Cour est assez importante sur les déclarations facultatives d'acceptation de la compétence obligatoire de la Cour africaine, car toutes les requêtes provenant des ressortissants dont le pays n'a pas encore souscrit à la déclaration de l'article 34 § 6 du Protocole font l'objet de décision d'incompétence de la Cour[284]. Dans ces circonstances, non seulement l'impact de la Cour africaine dans son action contre les violations des droits de l'homme sera forcément limité, mais aussi et surtout, cela entraînerait la saisine régulière de la Commission africaine.

3. Les conséquences de la limitation : le recours à la Commission africaine

Si en Afrique, l'accès au juge se heurte encore aujourd'hui à cet obstacle qu'est la déclaration d'acceptation de la compétence obligatoire, il convient de préciser que la même situation a prévalu dans les systèmes

---

283 J. D Boukongou, *op.cit.* p. 146.

284 Cour ADHP, *Michelot Yogogombaye c. Sénégal,* requête n°007/2011, *Yousef Ababou c. Royaume du Maroc, Daniel Amare & Mulugeta Amare c. Mozambique Airlines & Mozambique, Efoua Mbozo'o Samuel c. Le Parlement Panafricain, Convention Nationale des Syndicats du Secteur de l'Éducation (CONASYSED) c. République du Gabon, Delta International Investments SA, M. AGL de Lang et Mme de Lang c. République d'Afrique du Sud, Emmanuel Joseph Uko c. République d'Afrique du Sud, Timan Amir Adam c. République du Soudan* (Décision du 30 mars 2012), *Ekollo Moundi Alexandre c. République du Nigéria et République du Cameroun, affaire 002/ 2011, Soufiane Abadou c. République algérienne démocratique et populaire* (décision du 16 juin 2011), Requête n°002/2012, *Affaire Delta international investments SA, M. AGL De Lange et Mme De Lange c/ République Sud-africaine* (Décision du 30 mars 2012).

européen et interaméricain. Mais dans le système européen actuel, on est passé depuis le Protocole n° 11 à une compétence obligatoire de la Cour dès l'adhésion à la Convention européenne des droits de l'homme. Ainsi la reconnaissance du droit de recours individuel est obligatoire pour toutes les parties contractantes[285].

Le système interaméricain a suivi le même schéma progressif que le système européen. En effet, si l'individu dès le départ n'est apparu devant la Cour que comme *« assistant de la Commission »*[286], la réforme du Règlement de la Cour intervenue en 2001 permet désormais à celui-ci d'agir directement devant elle[287]. Cette évolution permet de constater que les Cours européenne et interaméricaine des droits de l'homme ont permis à l'individu d'accéder à la Cour en qualité de sujet du droit des gens.

Il est pourtant impossible à un individu de saisir directement la Cour africaine, à moins que son pays n'ait, en plus de la ratification du Protocole, signé une déclaration supplémentaire reconnaissant la compétence de la Cour à examiner les requêtes des particuliers. En l'état actuel de ce système, seuls les ressortissants des huit États qui ont souscrit à la déclaration ont cette qualité de requérants privilégiés. Dès lors, dans ces pays, les individus ont la faculté de ne pas saisir la Commission en 1er lieu, mais de s'adresser directement à la Cour. Si tel n'est pas le cas, ils passeront d'abord par la Commission.

De ce fait, le mécanisme africain a encore quelques pas à faire vers l'adoption de ce que le Juge Antônio Augusto

---

285 Avec l'instauration de la Cour européenne unique, la saisine de la Cour est directe et appartient aux individus comme aux États, en application des articles 33 et 34 de la CEDH, (révisée).
286 Affaire *Velasquez Rodriguez,* précitée.
287 Article 23 du nouveau règlement intérieur de la CIADH, précité.

Cançado Trindade considère comme un *« mécanisme émancipateur de l'individu à l'égard de son propre État »*[288]. Les acteurs non étatiques peuvent également accéder à la Cour par le truchement d'un État partie dont le ressortissant est victime d'une violation des droits de l'homme. Sans une saisine directe de la Cour, les individus n'auront que la possibilité de saisir plus fréquemment la Commission qui pourra seule décider du transfert de leurs communications devant l'organe juridictionnel, car elle demeure de loin le *« principal "pourvoyeur" »*[289] de la Cour.

En fin de compte, le fait pour la Commission de renvoyer l'affaire devant la Cour constitue non seulement un cas de « saisine indirecte », mais aussi il importe de préciser que ce transfert constitue une voie de recours devant la Cour africaine. Il est vrai que l'organe juridictionnel est mieux indiqué pour une protection efficace des droits de l'homme, mais il ne faut pas perdre de vue la Commission joue aussi un rôle capital dans la procédure dans un contexte de dualité institutionnelle. Donc, la protection efficiente des droits de l'homme résulte d'une complémentarité harmonieuse entre les deux organes.

---

[288] Discours de A.A. Cançado Trindade, Président de la CIDAH « le développement du DIDH à travers l'activité de la jurisprudence des Cours européenne et interaméricaine des droits de l'homme ». Strasbourg, 22 janvier 2004, http://www.echr.coe.int/Fr/Discours/Cancado/trindadediscours.htm.
[289] F. Sudre, *op.cit,* 1re édition, 1989, p. 228.

Section 2 : La saisine indirecte : une voie de contournement de la règle de l'article 34 § 6 du Protocole

L'expression « saisine indirecte » de la Cour africaine ne ressort pas explicitement des termes du Protocole à la Charte. En fait, ce texte évoque plutôt la « saisine directe » pour des communications non étatiques. Mais il s'agit d'une saisine qui ne s'opère pas de plein droit. La « saisine indirecte » signifie le passage préalable devant la Commission. Dans cette hypothèse, il peut s'agir des cas de rejet devant la Cour, ou précisément des requêtes provenant des ressortissants des États qui n'ont pas encore ratifié le Protocole. Si la question du renvoi des requêtes devant la Cour africaine par la Commission africaine suscite plusieurs interrogations, elle est plutôt bien encadrée dans le mécanisme interaméricain. L'on se demande si la Commission africaine doit saisir la Cour à la demande du requérant ou au regard du degré ou de la gravité de la situation portée à sa connaissance ? Heureusement le nouveau Règlement de la Commission africaine y a apporté des éclaircissements. Il importe de préciser ici les fondements du renvoi des requêtes à la Cour africaine à travers le rôle cardinal que joue la Commission africaine dans la sélection des cas à transférer à la Cour et les garanties de la saisine indirecte de la Cour offertes aux requérants non étatiques. Elle vérifie les conditions d'acceptabilité et de recevabilité[290] prévues à l'article 56 de la Charte[291]. Lorsqu'une requête

---

[290] Voir en ce sens, B.-R. GUIMDO DONGMO, « Pratique du contentieux international des droits de l'homme et procédures d'urgence », *in* Jean Didier Boukongou, (Dir.), *Protection des droits de l'homme en Afrique,* UCAC, 2007, p. 191.

[291] Fabrice AYINA AYISSI & Martial Joseph ZANGA, « La procédure d'examen des communications devant la Commission de

individuelle remplit ces conditions d'acceptabilité et de recevabilité devant la Commission, celle-ci peut décider de renvoyer l'affaire devant la Cour sur la base des dispositions l'article 6. 2 du Protocole et 118 §§ 1, 2 et 3 du nouveau Règlement intérieur de la Commission africaine. Une lecture attentive de ces dispositions laisse percevoir clairement les fondements du transfert des requêtes par la Commission à la Cour. Il est désormais prévu que la Commission soumette à la Cour le cas des États qui ne se conforment pas à ses décisions, qui commettent des violations graves ou massives des droits **(I),** ou qui refusent de se conformer aux mesures qu'elle prononce **(II)**[292].

Paragraphe 1 : La gravité de la situation de violation des droits de l'homme

Au même titre que l'article 44 § 2 (b) du règlement intérieur de la Commission interaméricaine, l'article 118 du nouveau Règlement de la Commission africaine en son paragraphe 3 définit comme premier fondement du renvoi

---

Banjul », *in* Alain Didier OLINGA (Dir.), *La protection internationale des droits de l'homme en Afrique. Dynamiques, enjeux et perspectives trente ans après l'adoption de la Charte africaine des droits de l'homme et des peuples,* Yaoundé, éd. Clé, 2012, p. 154.

[292] Sur la base de cette condition, la Commission africaine a déjà saisi la Cour dans trois cas : Communication 411/12 - *Saif Al-Islam Kadhafi (représenté par Mishana Hosseinioun) c/ Libye* (Affaire pour le non-respect des mesures provisoires) ; 381/09 de la Communication - Centre pour le développement des droits des minorités -Kenya et Minority Rights Group International (pour le compte de la *Communauté Ogiek de la forêt de Mau) c/ Kenya* (pour le non-respect des mesures provisoires, et pour violations graves et massives des droits de l'homme) ; et Communication 394/11 - Initiative égyptienne pour les droits personnels (EIPR), Human Rights Watch (HRW) Interights, et de la Ligue libyenne des droits de l'homme (au nom du peuple de la Libye) c/ Libye (cas de graves et massives violations des droits de l'homme).

des requêtes à la Cour, la gravité de la situation qui lui a été soumise. L'article 118 § 3 du nouveau Règlement de la Commission africaine dispose que *« la Commission peut, conformément à l'Article 84(2) du présent Règlement intérieur, soumettre la communication à la Cour contre un État partie s'il est porté à son attention une situation qui, à son avis, constitue une violation grave ou massive des droits de l'homme, tel que prévue par l'article 58 de la Charte africaine ».* Ainsi, cette pratique ne peut être possible que dans l'hypothèse où le cas porté à la Commission révèle une violation grave ou massive des droits de l'homme.

Mais il faut dire que l'appréciation de la gravité de la situation reste cependant soumise au pouvoir discrétionnaire de la Commission. Dans ce sens, l'activité de la Commission africaine pourrait contribuer, sur la base de ces critères, à la construction de la jurisprudence de la Cour. Ceci voudrait dire que la Commission ne devrait pas saisir la Cour pour des « affaires minimes »[293] qu'elle peut régler toute seule. La Cour a jusqu'à cette date été saisie de plusieurs requêtes en provenance de la Commission au nom des individus ou des groupes d'individus. À ce jour, la Commission africaine se fonde sur le caractère grave et massif des violations des droits de l'homme pour renvoyer des affaires à la Cour[294].

Dans l'affaire *Commission africaine c. République du Kenya* relative à la protection des droits conventionnels de la minorité Ogiek[295], la Commission a été saisie le 14 novembre 2009 et le 12 juillet 2012, elle a transféré

[293] C'est-à-dire des affaires dénuées de tout fondement ou des affaires dans lesquelles le requérant n'a subi aucun préjudice important.
[294] *Center for minority rights development (CIMERIDE) c. Kenya*, 32e et 33e RA, 381/09.
[295] Cour. ADHP, requête n°006/2012, *Commission africaine des droits de l'homme c/ République du Kenya*, Ordonnance du 15 mars 2013.

l'affaire à la Cour conformément à l'article 118 de son Règlement intérieur. Contrairement à l'affaire *Commission africaine c. Gouvernement de la Jamahiriya arabe libyenne des Grands Peuples Socialistes*[296] où la requête n'a pas été déférée à la Cour sur la base d'une saisine antérieure des particuliers (la Commission ayant saisi la Cour africaine de manière autonome[297]), dans le cas *Com. ADHP c/ République du Kenya*, face à la violation potentielle et imminente des droits conventionnels de la minorité Ogiek, les juges d'Arusha ont mis à la charge de l'État Kenyan une obligation de *« remise en vigueur, avec effet immédiat, des restrictions qu'il avait imposées concernant les transactions foncières dans le complexe de la forêt du Mau (...) »*[298]. Aussi, dans le cas libyen

---

[296] Cour ADHP, Requête n°004/2011, *Com. ADHP c/ Gouvernement de la Jamahiriya arabe libyenne des Grands Peuples Socialistes.*

[297] La Cour ADHP a rendu une ordonnance contenant des mesures provisoires dans le cadre d'une demande reçue de la Com. ADHP, faisant état de violations graves et généralisées des droits de l'homme par le gouvernement de la Jamahiriya arabe libyenne des Grands Peuples Socialistes. La Cour a examiné ladite requête et a estimé que compte tenu de l'extrême gravité et de l'urgence de la question et en vertu des pouvoirs que lui confèrent l'article 27(2) du Protocole portant création de la Cour, et l'article 51 (1) de son Règlement intérieur, il était nécessaire d'indiquer des mesures provisoires afin d'éviter un préjudice irréparable aux personnes faisant l'objet de la requête. Dans son ordonnance, rendu le 25 mars 2011, la Cour a appelé la Grande Jamahiriya arabe libyenne populaire et socialiste à s'abstenir immédiatement de tout acte qui pourrait provoquer des pertes en vies humaines ou constituer une atteinte à l'intégrité physique des personnes, en violation de la Charte africaine des droits de l'homme et des peuples ou des autres instruments internationaux des droits de l'homme auxquels la Grande Jamahiriya arabe libyenne est partie. Malheureusement la requête a été rayée du rôle le 14 mars 2013 après le décès du Guide libyen. De nombreuses violations étant donc restées impunies.

[298] Paragraphe 25 de l'Ordonnance du 15 mars 2012.

précité[299], c'est sur la base des articles 27 § 2 du Protocole et 37 du Règlement de la Cour que cette dernière a rendu une ordonnance en date du 15 mars 2013 invitant l'État libyen à mettre fin à toute action portant sur les procédures légales ou enquêtes qui pourraient causer des dommages irréparables au détenu. La Cour a ainsi confirmé les mesures provisoires précédemment indiquées par la Commission africaine. Sur cette question, Jean François Flaus souligne qu'en tant que juridiction d'appel, « *la Cour africaine devrait se reconnaître une compétence de levée et/ou confirmation des mesures provisoires précédemment adoptées par la Commission* »[300].

Paragraphe 2 : L'inexécution des recommandations des Commissions

En outre, conformément à l'article 118 du nouveau Règlement de la Commission en ses paragraphes 1 et 2, le second fondement du renvoi à la Cour concerne les cas de refus par les États d'exécuter les décisions de la Commission. Cet article dispose que « *1. Lorsque la Commission a pris une décision concernant une Communication soumise aux termes des articles 48, 49 ou 55 de la Charte et estime que l'État ne s'est pas conformé ou est peu disposé à se conformer à ses recommandations eu égard à la Communication, au cours de la période énoncée à l'article 112(2), la Commission peut soumettre ladite communication à la Cour, conformément à l'article 5 (1) (a) du Protocole et en informer les parties en conséquence. 2. Lorsque la Commission a fait une demande de mesures conservatoires contre un État partie,*

---

[299] Cour. ADHP, requête n°002/2013, *Commission africaine des droits de l'homme c/ Libye,* Ordonnance du 15 mars 2013.

[300] Jean-François FLAUSS, « Notules sur les mesures provisoires devant la Commission africaine des droits de l'homme et des peuples », *RTDH,* n°55, 2003, p. 930.

conformément à l'article 98 du présent Règlement, et estime que l'État ne s'est pas conformé aux mesures conservatoires demandées, la Commission peut, conformément à l'article 5 (1) (a) du Protocole, référer la communication à la Cour et en informer les parties ».

Sur ce point, il faut dire que *« la procédure du transfert des requêtes se positionne comme une réponse à ceux des États qui se refugient derrière le caractère non obligatoire des recommandations de la Commission africaine pour ne pas en assurer l'exécution »*[301]. Il en est ainsi de l'affaire opposant la Commission à la Libye, objet de la requête n°002.2013[302]. Face à l'inexécution des mesures provisoires par l'État libyen par rapport aux conditions de détention du sieur Saif Al-Islam Kadhaphi, la Cour a été saisie par la Commission le 31 janvier 2013 d'une demande en indication des mesures provisoires. Au regard de cette évolution, il faut dire que le système africain s'arrime ainsi à la pratique du système américain de protection des droits de l'homme qui avait déjà défini les critères de sélection des affaires à transférer à la Cour IADH par la Commission interaméricaine. L'article 44 de la CADH qui traite de la soumission de l'affaire à la Cour est plus explicite à cet égard. Il dispose que :

« 1. Si l'État en question a accepté la compétence de la Cour interaméricaine conformément aux dispositions de l'article 62 de la Convention américaine et si la Cour juge qu'il n'a pas appliqué les recommandations formulées

---

301 Michel MAHOUVÈ, « La réparation du préjudice dans le système africain de promotion et de protection des droits de l'homme », *in* Alain Didier OLINGA (Dir.), *La protection internationale des droits de l'homme en Afrique. Dynamiques, enjeux et perspectives trente ans après l'adoption de la Charte africaine des droits de l'homme et des peuples,* Yaoundé, éd. Clé, 2012, p. 212.

302 Cour. ADHP, requête n°002/2013, *Commission africaine des droits de l'homme c/ Libye,* Ordonnance du 15 mars 2013.

dans le rapport approuvé conformément aux dispositions de l'article 50 de l'instrument sus indiqué, elle soumet l'affaire à la Cour, sauf en cas de décision motivée adoptée à la majorité absolue des membres de la Commission. 2. La Commission cherchera fondamentalement à ce que justice soit faite dans le cas particulier en se fondant, entre autres, sur les éléments suivants : a) la position du pétitionnaire ; b) la nature et la gravité de la violation ; c) la nécessité de développer ou d'éclaircir la jurisprudence du système ; d) l'effet éventuel de la décision sur les ordonnancements juridiques des États membres et f) la qualité de la preuve disponible ».

Ainsi, comme le pense le Juge Antônio Augusto Cançado Trindade, Président de la Cour interaméricaine, la Commission doit concevoir des critères clairs pour le renvoi des affaires à la Cour. Il s'agit par exemple des droits fondamentaux (non-dérogeables) ou des questions qui pourraient générer une contribution jurisprudentielle à l'interprétation et à l'application de la CADH, ou s'ils concernent des questions susceptibles de Règlement judiciaire toutes soumises sur une base non sélective[303].

En outre, force est de constater que la Cour interaméricaine avait de son côté également signalé d'une manière générale, certaines lignes permettant de déterminer les affaires qui « devraient » être portées à sa connaissance par la Commission. Tel est le cas lorsqu'il existe *« des problèmes légaux litigieux qui n'étaient pas encore examinés par la Cour, l'existence des décisions légales contradictoires sur le plan national, le défaut d'unanimité pour les décisions de la Commission,*

---

303 A. CANCADO TRINDADE, « The inter-american system of protection of human Rights (1948-1999): Evolution, present situation and perspectives», *RCADI,* international institute of rights, Strasbourg, 12-16 July 1999.

l'importance continentale de la matière »[304]. Par la suite la Cour a soutenu que la décision de la Commission « n'est pas discrétionnaire », mais qu'elle « doit s'appuyer sur l'alternative jugée la plus favorable à la sauvegarde des droits de l'homme » établis dans la Convention[305].

Cette révolution inverse l'ancien Règlement intérieur où la Commission décidait de porter un cas à la Cour. C'est ce qui a réduit le caractère aléatoire et arbitraire des recours à la Cour, mais aussi a eu pour effet d'augmenter les cas devant la Cour. Ce rôle de la Commission qui est simplement aléatoire en Afrique a beaucoup évolué dans le système interaméricain. En effet, depuis 2001, tous les cas reçus et traités devant la Commission sont présentés à la Cour, sauf décision contraire de la majorité absolue des membres de ladite Commission[306]. Dès lors, il importe de relever que l'activité des Commissions africaine et interaméricaine contribue à la construction de la jurisprudence de leurs Cours respectives. Ceci voudrait dire qu'elles ne devraient pas saisir les Cours pour des « affaires minimes »[307] qu'elles peuvent régler toutes seules. En effet, dans le système interaméricain actuel, la possibilité offerte à la Commission de soumettre à la Cour

---

[304] *La colegiacion obligatoria de periodistas* (articlos 13 y 29 Convencion Americana sobre Derechos humanos), Avis consultatif OC-5/85, 13 novembre 1985, Série A, n°5, § 24, cité par R. E. Gialdino, *op.cit.* p. 914.

[305] *Baenas Ricardo y otros, Excepciones preliminares*, arrêt du 18 novembre 1999, Série C, n°61, § 21, cité par R. E. GIALDINO, *op.cit.* p. 915.

[306] Article 44 § 1 du nouveau Règlement intérieur de la Commission interaméricaine. La Commission présentait à la Cour de 2 à 7 cas par années de 1997 et 2002. Ce nombre est passé à 15 en 2003. Données tirées de la Chronique des Amériques : « Faits saillants des dernières audiences de la Commission interaméricaine des droits de l'homme » n°14, avril 2004, p. 2 ; http://www.cidh.oas.org/

[307] C'est-à-dire des affaires dénuées de tout fondement ou des affaires dans lesquelles le requérant n'a subi aucun préjudice important.

de San José une affaire dans laquelle elle considère qu'aucune violation des droits de l'homme ne s'est produite semble avoir été écartée[308]. En tout état de cause, la saisine indirecte emporte un certain nombre de garanties à l'endroit des requérants.

Par contre, dans les deux précédents régionaux avant les différentes réformes, la défunte Commission européenne et la Commission interaméricaine ne saisissent pas fréquemment les Cours pour des requêtes non étatiques. Elles avaient un pouvoir discrétionnaire en la matière. C'est ce qui justifiait d'ailleurs la réticence de la Commission interaméricaine à saisir la CIADH pour de telles affaires. Alors qu'en principe un requérant insatisfait devrait pouvoir saisir la Cour pour décision. Il est opportun de relever qu'avec l'évolution du système interaméricain, la Commission interaméricaine doit transmettre à la Cour les affaires dont elle est saisie et dont le bien-fondé relève des prescriptions de son Règlement intérieur[309]. Ainsi, *« les prescriptions des points c et d de l'article 44.2 du nouveau Règlement intérieur de la Commission interaméricaine, et même du b, obligent la Commission à saisir la Cour, même dans les cas où la victime aurait obtenu satisfaction de son droit subjectif suite au rapport préliminaire »*[310]. Cette innovation du système met l'accent sur la quête de la justice. L'intermédiation de la Commission dans la saisine de la Cour est très avantageuse pour les requérants non étatiques s'ils font valoir des communications qui renferment les critères pouvant déterminer la Commission à saisir la Cour

---

[308] R. E. GIALDINO, *op.cit.* p. 914.
[309] Voir article 44 du nouveau Règlement intérieur de la Commission interaméricaine.
[310] Rolando E. Gialdino, « Le nouveau règlement intérieur de la Commission interaméricaine des droits de l'homme », *RTDH*, n°55, 2003, p. 915.

pour une solution définitive et contraignante. Cette procédure peut être assimilée à l'existence des voies de recours dans le mécanisme africain de protection des droits de l'homme. En effet, il est important de relever que la possibilité offerte à la Commission de fournir la matière à la Cour pour son activité consultative et contentieuse est fondamentale pour sa crédibilité dans son rôle de lutte contre l'impunité et la protection des droits de l'homme sur le continent africain.

Au regard de ce qui précède, force est de constater que les relations et interrelations entre la Commission et la Cour africaines sont complémentaires au niveau de la procédure de saisine. À la lecture du Protocole et du nouveau Règlement intérieur de la Commission africaine, qu'elle soit « directe » ou « indirecte », la procédure de saisine illustre davantage l'emboîtement des rapports entre la Commission et la Cour africaines. Il faut en réalité reconnaître que la Commission, de par sa qualité de requérant privilégié de la Cour, joue un rôle moteur dans l'édification et la consolidation de l'exercice et de l'importance de la fonction juridictionnelle de la Cour africaine des droits de l'homme et des peuples. Ce croisement de procédures se poursuit au niveau de la recevabilité des requêtes.

CHAPITRE II :

LA RECEVABILITÉ DES REQUÊTES

La recevabilité des requêtes devant le prétoire international des droits de l'homme est une question cruciale. Elle constitue un stade essentiel de la procédure dans le contentieux des droits de l'homme devant les Cours régionales des droits de l'homme en raison de la structure bicéphale des institutions en place[311].

Quelques précisions terminologiques s'avèrent nécessaires pour la compréhension de ce chapitre. Ainsi, la recevabilité est le *« caractère d'une demande en justice rendant possible son examen au fond par la juridiction saisie »*[312]. Une affaire est donc recevable lorsqu'elle mérite d'être prise en considération pour un examen au fond. De ce fait, la demande doit être régulière dans la forme et bien fondée. Quant à la requête, elle représente une demande adressée à une autorité ou à un organe ayant un pouvoir de décision.

Au regard de ces définitions, il convient de préciser que la Commission et la Cour africaines sont appelées à œuvrer en collaboration dans la recevabilité des requêtes portées à leur connaissance dans le cadre de la protection des droits de l'homme en Afrique. Dès lors, l'on se demande comment se concrétise cette collaboration ? À la lumière des systèmes européen et interaméricain, il est

---

[311] À l'exception du système européen actuel. Mais il importe de relever qu'au regard des articles 27, 28, 29 et 30 de la CEDH révisée, la nouvelle architecture du système européen remet entre les mains de plusieurs organes les questions de recevabilité des requêtes. Il s'agit du Comité de trois juges et de la Chambre. La Grande Chambre étant censée statuer sur le fond.

[312] R. Guillien et J. Vincent, *op.cit.* p. 408.

intéressant de voir comment une requête suivra son chemin jusqu'au juge de la Cour africaine. Cette démarche semble déclencher la saisine de la Cour par la Commission telle que dispose l'article 5 du Protocole. Quant aux articles 6 et 8 de ce texte, ils précisent laconiquement les rapports de complémentarité entre la Commission et la Cour africaines au niveau de la recevabilité et de l'examen des requêtes. En clair, comme le relève M. Mutoy Mubiala, toutes « *ces dispositions forment la base du triple rôle que la Commission est appelée à jouer auprès de la Cour comme organe d'instruction préparatoire, de consultation et de filtrage des requêtes* »[313].

À la vérité, les trois systèmes se caractérisent par une très grande complexité. Pour ne pas rendre impossible l'accès au juge du fait de la réticence des États à ratifier le Protocole et à accepter la compétence de la Cour, la Commission africaine, tout comme l'ex-Commission européenne et la Commission interaméricaine, joue un rôle cardinal dans la recevabilité des requêtes adressées à la Cour **(section 1)**. Quant à la Cour africaine, il lui revient de se prononcer sur la recevabilité des requêtes qui lui sont soumises par « saisine directe » **(section 2).** Dans un cas comme dans l'autre, il y a complémentarité de procédures.

Section 1 : La recevabilité des requêtes devant la Commission africaine

Une fois que la saisine de la Cour est possible, le problème de la recevabilité se pose. Les relations entre la Commission et la Cour africaines s'aménagent également à ce niveau de la recevabilité des requêtes effectuée par la Commission. En fait, si le Protocole à la Charte africaine

313 M. Mubiala, *Le système régional africain de protection des droits de l'homme, op.cit.* p. 104.

prévoit clairement la compétence de la Cour africaine en matière de recevabilité dans le cas de la « saisine directe »[314], le silence de ce texte concernant les cas de « saisine indirecte » [315] devant la Cour laisse penser que l'examen de la recevabilité de ces requêtes est de la compétence de la Commission africaine en vertu de la Charte africaine. Dans cette logique, la Commission africaine, à l'instar de ses consœurs[316], joue un rôle de filtrage des requêtes sur le chemin de la Cour africaine. Pour mieux comprendre la relation de complémentarité qui existe entre les deux organes à cette phase de la procédure, il est judicieux d'examiner d'une part, le filtrage des requêtes **(I)** et d'autre part, la portée de cette opération de contrôle des requêtes effectuée par la Commission sur ses relations avec la Cour africaine **(II)**.

Paragraphe 1 : Le filtrage des requêtes adressées à la Cour par la Commission

Il est important de repréciser qu'en principe dans la phase contentieuse, la Cour africaine est saisie par la Commission et les États parties. La Cour ne décide de recevoir les communications non étatiques que si certaines conditions sont réunies. Mais puisque l'accès des particuliers à la justice internationale n'est pas aisé, la Cour ne peut être saisie de ces requêtes que si la Commission est préalablement intervenue et a établi un rapport. Cette procédure sert de filtre sur le chemin de la Cour qui consiste en un examen *prima facie* de la requête.

---

[314] Il s'agit des communications non étatiques. Leurs conditions de recevabilité sont clairement définies à l'article 6 §§ 1, 2 et 3 du Protocole à la Charte africaine.
[315] C'est-à-dire le cas des communications qui passent préalablement devant la Commission
[316] Il est fait allusion ici à l'ex-Commission européenne et la Commission interaméricaine des droits de l'homme.

Le filtrage signifie ainsi que la Commission retient les requêtes juridiquement recevables et rejette les autres[317]. L'examen des fondements du filtrage des requêtes **(A)** précédera celui de sa consistance **(B)**.

A. Les fondements du filtrage des requêtes

De manière générale, les efforts fournis avec la création de la Cour sont louables, en ce sens que l'idée d'instituer un mécanisme permettant de filtrer les requêtes individuelles a des fondements pratiques et juridiques.

1. Les fondements pratiques

Le filtrage signifie que la Commission examine les communications, retient celles qui sont juridiquement recevables et raye les autres du rôle. Le souci véritable de ce mécanisme est d'éviter l'encombrement du prétoire international par des requêtes fantaisistes ou des questions qui auraient pu être traitées au niveau national, voire des affaires « négligeables » qui auraient pu être réglées devant la Commission. Si l'on permet l'accès de toutes ces requêtes à la Cour, cela engorgerait celle-ci de manière à ralentir fortement la solution des litiges. En se référant au système européen, M. Ghazi Ghéraïri précise qu'*« il est donc normal qu'un tri du flot grandissant des requêtes individuelles pour n'en permettre l'accès au juge qu'aux plus sérieuses d'entre elles est une attitude tout à fait nécessaire dans une logique de salubrité procédurale »*[318]. Le travail préalable est ainsi confié à la Commission en

---

[317] F. Sudre, *op.cit*, p. 418. À notre avis, le terme « rejeter » signifie rayer du rôle.

[318].Ghazi Ghéraïri, « Aspects de la procédure devant les juridictions relatives aux droits de l'homme », in *Justice et juridictions internationales*, Colloque de Tunis, 13,14 et 15 avril 2000, A. Pedone, Paris p. 201.

vue de faciliter la mission de la Cour qui aura à statuer davantage sur les questions de fond que de s'attarder sur les procédures de recevabilité et les conditions de forme.

2. Les fondements juridiques

La coexistence Commission/Cour est devenue un trait classique dans le paysage de la protection régionale des droits de l'homme. En effet, ce système de filtrage, fort complexe, consiste en un passage obligé pour la requête par une sorte d'antichambre juridictionnelle qu'est la Commission[319] dans les systèmes africain, américain et européen avant la réforme intervenue par le Protocole n° 11 à la CEDH. Depuis cette réforme, le rôle de filtrage joué par la Commission a été supprimé au profit d'un Comité de trois juges[320]. À la différence de la Commission, ce Comité est un organe au sein de la Cour (et non un organe distinct) qui statue sur les requêtes individuelles, celles émanant des États étant directement étudiées par la Chambre[321].

En l'état actuel de la configuration des textes africain et américain qui instituent deux organes distincts de contrôle et de protection des droits de l'homme, la procédure de filtrage des requêtes, si elle est obligatoire et mieux réglementée en Amérique[322]. Dans le contexte africain, elle pose de sérieuses difficultés au regard du mutisme du Protocole sur la clarification du jeu de la complémentarité entre la Commission et la Cour africaines. Ce n'est que

---

[319] *Ibid.* p. 200

[320] L'article 28 de la CEDH révisée dispose : « *Un Comité peut, par vote unanime, déclarer irrecevable ou rayer du rôle une requête individuelle introduite en vertu de l'article 34 (…)* ».

[321] Article 29 § 2 CEDH révisée : « *Une Chambre se prononce sur la recevabilité et le fond des requêtes étatiques en vertu de l'article 33.* »

[322] Article 44 précité du nouveau Règlement intérieur de la Commission interaméricaine.

tout récemment que les deux institutions ont harmonisé leurs règlements intérieurs en vue de mieux les structurer. Ainsi, l'article 118 §§ 1 à 4 permettent à la Commission de filtrer les requêtes sur le chemin de la Cour. Elle ne peut renvoyer l'affaire que dans cas de violations graves des droits de l'homme, ou si un État ne se conforme pas aux mesures conservatoires prises par la Commission[323].

Au regard de ce qui précède, il est loisible de constater qu'il est nécessaire que ce rôle de filtre soit confié à un organe compétent pouvant mener à bien cette sélection juridique des communications sur la voie du juge africain des droits de l'homme. C'est d'ailleurs la pratique commune à tous les systèmes de protection des droits de l'homme. Dès lors, il importe de s'interroger sur la consistance du filtrage des requêtes.

B. La consistance du filtrage des requêtes

Il s'agit de montrer que la Commission a pour tâche de procéder à la vérification des conditions d'acceptabilité et de recevabilité des requêtes en vertu de la Charte africaine.

1. L'examen des critères d'acceptabilité des requêtes.

Le rôle de filtre de la Commission consiste en un examen *prima facie* de la requête en vue d'en apprécier la recevabilité. Elle se fait à l'aune des éléments sensiblement identiques dans les trois systèmes américain, africain et européen.

La Commission africaine a eu à dégager un certain nombre de critères d'acceptabilité des requêtes[324]. La

---

323 Cour ADHP, Requête n°004/2011, *Co. ADHP c/ Gouvernement de la Jamahiriya arabe libyenne des Grands Peuples Socialistes.*

324 Voir en ce sens B. R. Guimdo, *op.cit.* p. 191.

vérification de ces critères est effectuée par le rapporteur de la Commission. Selon la Charte :

- Ne peut être acceptée qu'une Communication mettant en cause un État membre de l'UA [325];
- Ne peut être acceptée une communication contenant des informations manifestement erronées sur la personne du plaignant [326];
- Est inacceptable une communication dont l'examen laisse manifestement penser que le plaignant n'est pas mentalement équilibré [327];
- Est inacceptable toute communication qui délibérément omet de se référer à la Charte africaine[328].

Les requêtes inacceptables devant la Commission africaine sont des requêtes manifestement mal fondées et donc irrecevables. Lorsque la Commission déclare une communication acceptable, elle se prononce sur la recevabilité.

2. L'examen des conditions de recevabilité

Les conditions de recevabilité devant la Cour et la Commission sont identiques selon les termes du

---

[325] Communication n°5/88, affaire *Prince J.N. Majoké c/ USA* à propos des activités de cet État au Cameroun. La communication introduite contre les USA été déclarée inacceptable, les USA n'étant pas partie à la Charte africaine des droits de l'homme et des peuples.

[326] C'est ainsi qu'a été déclarée inacceptable une communication dans laquelle le plaignant affirmait qu'il était Maréchal de l'armée nigériane en retraite alors qu'au Nigeria, le plus haut grade dans l'armée est celui de Général.

[327] Communication n°106/93 de décembre 1993, Affaire *Amuh Joseph Vitine c/Cameroun.*

[328] Cas des communications introduites par Amnesty international.

Protocole[329]. Il est important de préciser qu'avant de dire quelles sont les conditions de recevabilité, la Commission a le pouvoir d'ordonner des mesures provisoires ou conservatoires si elle constate qu'une communication porte sur une situation d'urgence susceptible de causer un préjudice irréparable à la victime présumée[330].

Si une situation pareille ne se présente pas, le rôle de la Commission consiste à passer au peigne fin les conditions de recevabilité de l'article 56 de la Charte. Les unes sont communes à tous les instruments et les autres sont spécifiques à la Charte africaine.

a. Les règles communes à tous les instruments

Une distinction s'impose entre les règles communes aux deux types de requêtes (étatiques et individuelles) et les règles propres aux requêtes des particuliers.

► L'épuisement des voies de recours internes : règle commune aux deux types de requêtes

La règle de l'épuisement des voies de recours internes[331] est une règle empruntée au droit international dans la mesure où la jurisprudence internationale a reconnu à plusieurs reprises son caractère coutumier[332]. Véritable dénominateur commun des procédures dans les trois systèmes régionaux, l'exigence de la règle de l'épuisement des voies de recours internes mérite d'être explicitée au regard de ses incidences sur le reste de la procédure, mais bien plus par la signification particulière qu'elle confère aux juridictions internationales

---

[329] Article 6 § 2 du Protocole : *« La Cour statue sur la recevabilité des requêtes en tenant compte des dispositions énoncées à l'article 56 de la Charte »*

[330] Affaire *Ken Saro-Wiwa c/Nigeria,* 31 décembre 1988, précitée.

[331] Article 56 § 5 de la Charte africaine.

[332] CIJ, arrêt, *affaire de l'Interhandel, Suisse c/ USA,* Recueil 1959, p. 6.

spécialisées dans la protection des droits de l'homme. Pour mieux l'examiner, il importe de s'attarder sur son contenu et les circonstances de dispense.

- Le contenu de la règle

Cette règle qui est consacrée par la majorité des textes régionaux et universels[333], est fondée sur le principe selon lequel il faut d'abord permettre à l'État mis en cause de régler la situation litigieuse dans le cadre de son ordre juridique interne, a pour but principal de ménager la souveraineté des États. Elle suppose donc que le requérant s'adresse d'abord au souverain territorial pour obtenir justice.

Plus concrètement, la condition de l'épuisement des voies de recours internes veut qu'avant de porter une plainte devant la Commission ou la Cour africaine, le requérant lésé dans ses droits, tente d'obtenir réparation devant les juridictions nationales jusqu'au niveau du dernier recours dans la mesure où elles sont accessibles et efficaces.

Il ressort de la pratique de la Commission que l'institution de la règle dans les systèmes régionaux se justifie par cette exigence que l'État mis en cause devrait être informé des violations des droits de l'homme dont il est accusé afin d'avoir l'opportunité de pouvoir les redresser et sauver sa réputation qui serait inévitablement ternie s'il était appelé devant une instance internationale. Cette règle évite par ailleurs à la Commission africaine de

[333]Article 41 § 1(c) PIDCP, articles 2 et 5 § 2 (b) PFPIDCP ; articles 26 et 27 §3 de la CEDH repris par l'article 35 § 1 de la CEDH révisée, article 46 § 1(a) et 2, articles 50 et 56 § 5 de la Charte africaine, article 96 du Règlement intérieur de la Commission africaine, article 40 § 5 du Règlement intérieur de la Cour africaine.

jouer le rôle d'un tribunal de première instance[334]. Cependant, la Charte africaine, tout comme les autres textes régionaux ou internationaux, prévoit les cas de dispense à cette règle.

- Les exceptions à la règle

La Charte africaine a prévu des exceptions à la règle de l'épuisement des voies de recours internes à l'article 56 § 5. Il en est de même de l'article 46 § 2 de la CADH. Dans ces cas, la requête est recevable même si les voies de recours internes n'ont pas été épuisées.

Ces cas de dispense trouvent une application lorsque les recours sont inexistants, inaccessibles, inefficaces, inadéquats, dépourvus de toute chance de succès, ou quand la procédure de recours se prolonge de façon anormale. Il peut s'avérer que les recours soient inexistants, c'est-à-dire lorsqu'il n'existe pas dans la législation interne de l'État considéré, une procédure judiciaire pour la protection du/des droits dont la violation est alléguée. Il ressort de la pratique de la Commission que dans ce cas, la personne lésée dans ses droits n'a pas d'autre choix que de saisir directement la Commission africaine.[335]

---

[334] Les communications groupées 54/91, 61/91, 98/93, 154/97 et 210/98, *Malawi African Association et Autres c/ Mauritanie,* précité, § 80.

[335] Communications147/95 et 149/96, *Sir Dawda K. Jawara c/ Gambie,* dans ces communications, la Commission souligne que dans ses décisions antérieures, elle a déclaré les communications (60/91Constitutional Rigths Project pour le compte de *Akamu et autres c/ Nigeria*), 87/93 Constitutional Rigths Project pour le compte de Lekwot et Autres c/ Nigeria, 101/93 Civil Liberties Organisations pour le compte de l'Association du *Barreau c/ Nigeria* et 129/94 Civil Liberties Organisations c/ Nigeria) recevables parce que la compétence des juridictions nationales avait été révoquée soit par décret, soit par la création des tribunaux spéciaux. Elle a précisé dans

Il peut arriver que les recours existent, mais la personne lésée s'en est vue refuser l'accès ou a été mise dans l'impossibilité de les épuiser. En Afrique, la situation des personnes incarcérées sans autre forme de procès atteste à suffisance une telle hypothèse[336].

Les recours sont inefficaces, inadéquats et dépourvus de toute chance de succès, lorsqu'ils n'offrent pas de garanties escomptées aux droits de l'homme.

La requête est recevable si les procédures internes sont anormalement prolongées[337]. En effet la Commission africaine n'a pas défini le délai qui constitue une "prolongation anormale". Cela lui permet de garder une certaine flexibilité pour considérer chaque situation dans ses spécificités[338].

---

ce sens que les voies de recours dont l'existence n'est pas évidente ne peuvent être invoquées par l'État à l'encontre du plaignant. En conséquence, dans cette situation où la compétence des juridictions nationales a été révoquée par décret dont la validité ne peut être mise en cause par aucun tribunal, l'on considère que les voies de recours internes n'existent pas et toute tentative d'y recourir serait une perte de temps, in *Compilation des décisions de la Commission africaine des droits de l'homme et des peuples, 1988-1999*, pp. 98-110, §§ 33 et 34.

336 Communication 232/99, *John D. Ouko c/ Kenya,* et aussi Communication 215/98, *Rigths International c/ Nigeria.* Le plaignant dans cette deuxième affaire est une ONG basée aux USA. Il allègue que M. Charles Baridorn Wiwa, étudiant Nigérian à Chicago, avait été arrêté le 3 juin 1996 par des soldats armés inconnus et par la suite, il a été torturé dans un camp de détention militaire nigérian à Bokana. La Commission a déclaré lqfq&a communication irrecevable aux motifs qu'il n'existait pas de voies de recours efficaces pour les violations des droits de l'homme au Nigeria sous le régime militaire, in *Compilation des décisions de la Commission africaine des droits de l'homme et des peuples,op.cit.* pp. 265-266 (§ 23).

337 Communication 97/93, *John K. Modise c/ Botswana*, § 69.

338 Dans l'affaire *Kenya Human Right Commission c/ Kenya*, un délai d'un an et 10 mois n'a pas été considéré comme une prolongation anormale, communication 135/94, alors que dans l'affaire du

Il importe de préciser que la Commission interaméricaine a eu à se prononcer sur un cas de dispense de la règle de l'épuisement des voies de recours internes, le requérant étant une personne nécessiteuse, lésée dans ses droits, mais se trouvant dans l'impossibilité économique d'engager un avocat. La Commission interaméricaine s'est fondée sur une lecture combinée des articles 1 § 1 et 46 § 2(a) de la CADH pour déclarer que cette personne est dispensée de l'épuisement des voies de recours internes[339].

►Les règles propres aux particuliers

Elles sont prévues à l'article 56 §§ 1, 6 et 7 de la Charte africaine.

- La règle du délai raisonnable

Pour que la requête soit déclarée recevable devant la Commission, il faut que le requérant ait respecté le délai prévu à l'article 56 § 6 qui court depuis l'épuisement des voies de recours internes ou depuis la date retenue par la Commission comme faisant commencer à courir le délai de sa propre saisine. Toutefois, la Charte ne précise pas exactement ce délai. La Commission africaine ne s'étant pas encore prononcée sur cette question, les décisions des Cours européenne et américaine peuvent éclairer les organes africains de protection des droits de l'homme. En effet, selon l'article 46 § 1 (b) de la CADH, la requête doit être présentée dans un délai de 6 mois à compter de la date à laquelle l'individu présumé lésé dans ses droits a pris

---

Magistrat *Abdoulaye Mazou c/ Cameroun*, la Commission a reçu la demande.

339 CIADH, avis consultatif, OC-11/90 du 10 août 1990, "Exceptions to exhaustion of domestic in case of idengence or indigenous or inability to obtain legal representation because of generalised sear within the legal community'', cité par D. Kouather et I. Gallada, *op.cit.* p. 245.

connaissance de la décision définitive. Mais faisant preuve de pragmatisme, le système européen fait courir ce délai à partir de la date où la décision a été rendue publique au jour de la notification de la décision à la personne intéressée.

- La requête ne doit pas être anonyme

C'est la toute première condition posée pas les instruments en présence pour toute requête individuelle[340]. Même si le requérant demande à conserver l'anonymat, sa communication ne pourra être admise, puisque cette condition permet d'éviter des requêtes purement fantaisistes.

- Le principe *non bis in idem*

En tout état de cause, selon l'article 56 § 7 de la Charte, la requête ne doit pas concerner des cas qui ont été réglés conformément soit aux principes de la Charte des Nations Unies, soit de la Charte de l'OUA et soit des dispositions de la présente Charte. Ainsi, la saisine concomitante d'une même affaire devant la Cour et la Commission, ou toute autre instance internationale de protection des droits de l'homme rend irrecevable la requête portée devant la Commission[341]. Il s'agit du principe *non bis in idem* ou de l'interdiction des recours parallèles fondés sur l'autorité de la chose jugée. Il s'applique en justice lorsqu'il y a identité de parties, d'objet et de cause entre le cas rapporté et le cas déjà réglé[342]. Le cumul des procédures ne peut être admis en ce sens qu'il permet d'éviter que les organes concernés soient amenés à examiner plus d'une fois une requête. Ce qui transformerait l'un des instruments

---

[340] Article 56 § 1 Charte, article 104 § 1 (a) du Règlement Intérieur de la Commission africaine (révisé), article 41 § 1 du Règlement Intérieur de la Cour africaine des droits de l'homme.

[341] Communication 69/92, *Amnesty international c/ Tunisie*, § 5

[342] Voir en ce sens V. E. Yemet, *op.cit.* p. 314 et ss.

internationaux de protection des droits de l'homme en instance de réexamen ou de second degré de juridiction.

b. Les spécificités africaines dans la procédure de recevabilité des requêtes devant la Commission

Elles concernent les conditions qui sont propres à l'Afrique. Elles sont prévues à l'article 56 § 3 et 4 de la Charte africaine. Il faut ajouter aux conditions sus évoquées, les conditions de mise en évidence uniquement dans le contexte africain à savoir l'interdiction des termes outrageants et insultants d'une part, et d'autre part, la prise en compte dans une requête des informations obtenues au moyen des outils de communication de masse.

- **La requête est recevable si elle ne contient pas des termes outrageants ou insultants à l'égard de l'État mis en cause, ou ses institutions ou de l'UA**

Conformément à l'article 56 § 3 de la Charte, l'auteur de la communication doit indiquer les éléments de son dossier sans insulter quiconque. Le langage insultant rend une communication irrecevable, indépendamment de la garantie des faits dénoncés[343].

[343] Communication 65/92, Ligue Camerounaise des droits de l'homme c/ Cameroun ; la Commission africaine a rendu une décision de principe au sujet de la notion de « termes outrageants et insultants » en déclarant l'affaire irrecevable pour les raisons selon lesquelles les allégations de ladite Ligue constituent un ensemble de violations graves de la Charte. Car le militantisme en faveur des droits de l'homme ne saurait justifier l'insulte gratuite ou les débordements verbaux. La communication contient en effet des termes tels que « Paul Biya doit répondre des crimes contre l'humanité », « trente années d'un régime néo-colonial, criminel, incarné par le duo Ahidjo/Biya », « régime tortionnaire », et « barbarismes gouvernementaux », § 13.

- **La requête est recevable si elle ne se limite pas exclusivement à des informations diffusées par des moyens de communication de masse**

Cette exigence est visée à l'article 56 § 4 de la Charte. Elle tend à éviter que certains plaignants ne se fondent sur de simples allégations voire de fausses informations sans en vérifier la véracité[344]. De manière générale, toutes les communications doivent être compatibles avec la Charte africaine et la Charte de l'OUA[345], sinon elles seront déclarées irrecevables. Il est important de relever qu'après examen de ces conditions de recevabilité, la Commission ne se décide de recevoir véritablement une requête qu'à la majorité absolue des ses membres[346]. En fait, ce rôle d'instruction préparatoire et de filtrage des requêtes par la Commission africaine revêt une importance particulière dans ses relations avec la Cour africaine des droits de l'homme et des peuples.

Paragraphe 2 : La portée du filtrage des requêtes

L'état actuel des textes africains permet de relativiser ce rôle de filtrage des requêtes par la Commission africaine, dans la mesure où les requérants étatiques ou individuels peuvent renoncer au passage devant celle-ci et saisir directement la Cour **(A)**. Mais il convient de relever que le problème de l'harmonie de la décision prononcée par la Commission sur la recevabilité des requêtes se pose avec acuité dès lors que celle-ci se décide de transférer l'affaire à la Cour africaine **(B)**.

---

[344] Communication 147/95 et 149/96, Sir Dawda K. Jawara c/Gambie, précitée. Dans cette affaire, le gouvernement soutenait que leur communication devrait être déclarée irrecevable parce qu'elle était basée exclusivement sur des informations diffusées par les médias, § 16.
[345] Article 56 § 2 de la Charte africaine
[346] Article 55 § 2 de la Charte africaine.

A. La relativité du filtrage des requêtes

En principe, pour qu'une requête s'achemine jusqu'au juge en passant par la Commission, elle devrait satisfaire toutes les exigences prévues aux articles 55 et 56, sous réserve des restrictions apportées par la Charte elle-même. Ce procédé de filtrage est automatique du ressort de la Commission interaméricaine et de celui du Comité de trois juges dans le système européen pour les requêtes individuelles. Au regard de la configuration actuelle des textes, la solution africaine relativement à la question du filtrage des requêtes ne va pas sans une certaine originalité dans la mesure où, le requérant État ou particulier, peut saisir la Commission qui jouera normalement ce rôle de filtrage des requêtes sur le chemin de la Cour. Mais, les mêmes textes offrent des possibilités aux requérants étatiques et individuels de passer outre et de saisir directement la Cour sous certaines conditions.

Ces possibilités offertes aux États et aux individus influencent énormément les rapports de complémentarité entre la Cour et la Commission africaines dans la mesure où la Commission peut se trouver moins sollicitée. Sur ce, il serait souhaitable de prévoir comme dans les systèmes européen et américain d'une part que les requêtes étatiques soient examinées directement par les Cours et d'autre part que les requêtes individuelles soient filtrées par la Commission pour éviter l'encombrement de l'organe judiciaire. Toutefois, l'espoir n'est pas perdu pour le système africain, étant donné que la Cour n'est pas une institution d'instruction préparatoire ou d'enquête. Elle est supposée statuer sur des cas de violation des droits de l'homme en Afrique.

En vertu de sa compétence universelle et de son pouvoir discrétionnaire, elle peut décider soit de statuer sur des requêtes dont elle est saisie directement, soit de les renvoyer devant la Commission. Cette attitude de la Cour, il faut le reconnaître, renforce les interrelations entre les deux institutions[347], mais rend le filtrage des requêtes dans le système africain ni automatique, ni indispensable (comme dans les modèles européen et interaméricain), ni existant (si l'accès à la Commission est caduc par l'avènement de la Cour). En réalité, le filtrage des requêtes est, à la lecture des textes africains, simplement aléatoire comme l'a relevé M. Ghazi Gheraïri[348]. Ce qui fait qu'en Afrique, les États ont la possibilité de renoncer à la procédure devant la Commission africaine pour saisir directement la Cour.

Par contre, dans le système interaméricain, la procédure des articles 48 à 50 de la CADH devant la Commission interaméricaine est obligatoire, car c'est elle qui est spécialement chargée de mener des enquêtes. Ainsi, le passage devant la Commission est inévitable pour tous ceux qui voudraient soumettre des plaintes à la Cour. Il n'est pas possible pour les requérants de court-circuiter et de saisir immédiatement la Cour. L'article 62 § 2 de la CADH est catégorique à ce propos en disposant que *« la Cour ne connaît d'un différend quelconque qu'après l'épuisement de la procédure prévue aux articles 48 à 50 devant la Commission »*.

Elle a eu ainsi à se prononcer sur la possibilité de renonciation de cette procédure par un État dans l'affaire Viviana Gallardo[349]. C'est d'ailleurs cette affaire qui a

---

[347] Voir *infra* section 2.

[348] G. Gheraïri, *op.cit.* p. 201.

[349] CIADH, affaire *Viviana Gallardo*, arrêt du 13 novembre 1987, n° G 101/81 série A, p. 26. Dans cette affaire, le gouvernement de Costa Rica a saisi immédiatement la Cour et a déclaré avoir renoncé à l'épuisement de la procédure prévue aux articles 48 à 50. La question qui se posait à la Cour consistait à savoir s'il était possible d'écarter les procédures à la suite de la renonciation unilatérale de la part du

permis à la Cour interaméricaine de clarifier ses rapports avec la Commission en énumérant les arguments qui rendent le "passage" devant cette dernière indispensable[350]. Tout d'abord, la Cour précise que la Commission est l'organe d'enquête, elle mène les enquêtes sur les allégations de violation des droits de l'homme. Ensuite, elle précise que la procédure devant la Commission offre des garanties supplémentaires aux particuliers, en ce sens que la Commission a la tâche de faciliter les règlements amiables entre les parties au conflit.

En conséquence, la Commission africaine, à l'instar de l'ex-Commission européenne et de l'actuelle Commission interaméricaine, est un organe pivot du système, dans la mesure où elle est chargée de l'orientation des requêtes, même lorsque c'est la Cour qui a été saisie. Mais, il est tout à fait logique de se demander si la Cour africaine a le pouvoir de revenir sur la décision de recevabilité prononcée par la Commission ou alors elle va directement de l'examiner au fond ?

B. La décision de la Commission africaine sur la recevabilité

La question fondamentale qui se pose à ce niveau de l'analyse est celle de savoir si la déclaration de recevabilité de la Commission lie la Cour africaine dans l'exercice de ses compétences juridictionnelles. Autrement dit, la Cour peut-elle réétudier ou revenir sur la décision de recevabilité de la Commission en ce qui concerne les communications qui n'auraient pas fait l'objet de « saisine

---

gouvernement de Costa Rica. Mais, la Cour défera l'affaire devant la Commission.

[350] K. Debbeche et I. Gallaba, *op.cit.* p. 247.

directe », c'est-à-dire celles qui sont passées par la Commission ?

Ni le Protocole à la Charte ni le Règlement intérieur de la Cour ne répondent à cette question. Elle reste tout entièrement posée en l'état actuel des textes africains et suscite beaucoup d'interrogations chez bon nombre d'auteurs. D'aucuns pensent qu'au regard de la limitation des compétences de la Commission africaine aux stricts contours de la Charte, on peut imaginer qu'une affaire déclarée recevable sur la base de la Charte par la Commission et tranchée devant la Cour sur la base d'un autre texte international relatif aux droits de l'homme peut être réexaminée au fond, puisqu'il y aura application d'office d'un autre texte.[351] Mais la question n'est pas tranchée. Peut-on dans ce sens affirmer que la Cour est liée par la décision de la Commission sur la recevabilité ? Cette décision a-t-elle un caractère définitif ?

Pour certains, deux possibilités peuvent se présenter. La première consiste pour la Cour africaine à refuser de statuer sur la recevabilité des requêtes soumises par la Commission et de les examiner uniquement sur le fond. Dans ce cas, l'on peut admettre le caractère définitif de la décision de la Commission sur la recevabilité. Cette possibilité peut se justifier par le fait que si le Protocole à la Charte africaine prévoit clairement la compétence de la Cour africaine en matière de recevabilité dans le cas de la saisine directe, le silence de ce texte concernant les cas de « saisine indirecte » devant la Cour laisse penser que l'étude de la recevabilité de ces requêtes est de la compétence exclusive de la Commission africaine en vertu de la Charte africaine[352]. Par ailleurs, cette position est renforcée par l'article 8 § 4 de l'Avant-projet du Protocole

---

[351] S. Kowouvih, *op.cit.* p. 774.
[352] F. Quilleré-Majzoub, *op.cit.* p. 767.

à la Charte africaine portant création de la Cour africaine qui prévoyait clairement que la décision de recevabilité de la Commission africaine d'une requête pouvait être revue par la Cour africaine et qu'elle pouvait faire l'objet d'une décision d'irrecevabilité par un vote à la majorité des deux tiers (2/3) de ses membres[353]. Mais, ces éclaircissements n'ont été pris en compte lors de l'adoption définitive du Protocole additionnel à la Charte africaine portant création de la Cour.

L'autre possibilité concerne la compétence de la Cour africaine en matière de révision des décisions de recevabilité de la Commission africaine. Dans cette logique, le fait que la Cour africaine ait compétence pour connaître de la recevabilité des requêtes sur saisine directe pourrait également prôner l'existence de cette même compétence en ce qui concerne la recevabilité des requêtes sur saisine indirecte[354]. Cette suggestion semble pertinente, dans la mesure où la Cour africaine assurerait par cette procédure l'unité jurisprudentielle en matière de recevabilité de tous les types de requêtes. Le silence du Protocole sur ce détail ne serait dès lors qu'une façon de laisser un maximum de liberté à la Cour africaine, en accord avec ce qu'elle décidera concernant les saisines directes, de la procédure à suivre en matière de recevabilité des requêtes. Tout ce croisement de procédures atteste bien la relation complémentaire entre les deux organes et c'est ce qui ressort de la pratique

---

353 *Ibid.* p. 768. L'article 8 § 4 de l'Avant-projet du Protocole à la Charte africaine dispose clairement que : « *4) Quand une affaire respecte les stipulations précédentes et après une procédure équitable, la Cour peut décider de la rejeter à la majorité des 2/3 de ses membres si une des causes d'irrecevabilité prévues à l'article 56 de la Charte africaine n'est pas remplie* ».

354 *Ibid.*

unanime des organes régionaux de protection des droits de l'homme à quelques différences près.

En effet, la décision de l'ex-Commission européenne sur la recevabilité des requêtes était motivée et par conséquent, elle était définitive. La décision d'irrecevabilité était aussi définitive. Elle mettait fin à l'instance et ne pouvait faire l'objet d'aucun recours. Cette clause a été retenue par les différentes réformes et le Comité de trois juges a reçu compétence pour déclarer irrecevable ou rayer du rôle une communication individuelle[355].

Quant à la Commission interaméricaine des droits de l'homme, elle ne prend pas toujours de décision formelle. Elle ne prend de déclaration expresse que pour les cas d'irrecevabilité[356]. Si la Commission interaméricaine ne fait pas de déclaration d'irrecevabilité, la communication est tacitement acceptée. Cependant, si un État pose un problème d'irrecevabilité, la Commission doit faire une déclaration formelle dans l'un ou l'autre sens. Toujours est-il que cette décision ou cette déclaration de recevabilité peut être revue par les Commissions elles-mêmes[357] et peut-être mise en cause devant les Cours.

De l'analyse qui précède, les décisions de recevabilité ou d'irrecevabilité de la Commission africaine, tout comme celles de ses consœurs, semble-t-il, n'ont pas un caractère définitif. Il en est de même en matière de mesures provisoires ordonnées par la Commission, car en se comportant comme une juridiction d'appel, la Cour

---

[355] Article 28 (précité) de la CEDH révisée.

[356] Article 34 du nouveau Règlement intérieur de la Commission interaméricaine.

[357] Révision de la décision de recevabilité à la majorité des 2/3 des membres de la Commission européenne (article 29 de la CEDH, article 48 § 1er (c) de la CADH).

africaine révise toutes ses décisions et chaque fois qu'elle est saisie d'une affaire, *la Cour africaine devrait se reconnaître une compétence de levée et/ou confirmation des mesures provisoires précédemment adoptées par la Commission*[358]. En tout état de cause, une complémentarité constructive et parfaite entre la Commission et la Cour africaines dépendra de la solution qu'elles vont adopter dans la pratique. Elles doivent tenir compte de l'harmonie et de l'uniformité de la jurisprudence en matière de recevabilité des requêtes, tant dans les décisions rendues par rapport aux requêtes soumises à la Commission africaine que sur celles soumises directement à la Cour africaine.

Quant à la procédure du transfert de la demande à la Cour africaine, il existe un vide juridique, car elle n'a pas encore été élaborée par les textes africains. À cet effet, l'on émet le vœu qu'elle puisse suivre l'exemple des articles 43, 44, 71, 72 et 73 du nouveau Règlement intérieur de la Commission interaméricaine. Ce n'est qu'après cette procédure, avec le respect des délais[359], que la Cour pourra se saisir de l'affaire.

---

358 J.-F. Flauss, *op.cit.* p. 930.

359 Précisément, l'article 43 du nouveau Règlement intérieur apporte une solution lorsqu'il dispose : « *Après les délibérations et le vote sur le fond de l'affaire, la Commission procède de la façon suivante : (...) Elle notifie au pétitionnaire l'adoption du rapport et l'acheminement de celui-ci à l'État. En ce qui concerne les États parties à la Convention américaine qui ont accepté la compétence obligatoire de la Cour interaméricaine, la Commission offre la possibilité au pétitionnaire, lorsqu'elle lui envoie la notification, de présenter, dans un délai d'un mois, sa position concernant le dépôt de l'affaire devant la Cour. Si le pétitionnaire souhaite que l'affaire soit soumise à la Cour, il doit présenter les éléments suivants : a) la position de la victime ou des membres de sa famille, si ceux-ci ne sont pas les pétitionnaires ; b) les données relatives à la victime et aux membres*

Section 2 : La recevabilité des requêtes devant la Cour africaine

Aux termes de l'article 5 § 3 du Protocole, la Cour africaine peut recevoir des communications individuelles ou celles des ONG ayant le statut d'observateur auprès de la Commission africaine. Plusieurs exigences préalables[360] conditionnent la recevabilité des communications devant la Cour africaine[361]. En effet, la requête doit être dirigée contre un État partie qui a fait la déclaration de l'article 34 § 6 du Protocole autorisant une saisine directe des individus et ONG ayant le statut d'observateur auprès de la Commission africaine. Cette disposition reflète l'état procédural du contentieux africain des droits de l'homme. Sur ce, il importe de préciser que sous d'autres cieux il y a eu évolution[362].

Ensuite, elle doit concerner des faits relevant de la juridiction de l'État en cause et qui sont postérieurs à la date du dépôt de ratification par ledit État. Il faut aussi que la/les violations portent sur l'un des droits garantis par la Charte africaine ou tout autre instrument régional ou international pertinent relatif à la protection des droits de l'homme ratifié par l'État en question.

Il est également important de souligner que les individus et ONG peuvent dans une certaine mesure contourner cette règle par le truchement de la

---

de sa famille ; c) les motifs sur lesquels se fonde le pétitionnaire pour déposer l'affaire devant la Cour ; d) les preuves littérales, testimoniales et soumises à expertise dont il dispose ; e) les prétentions en matière de réparations et de frais judiciaires. »

[360] Il s'agit des conditions générales pour la recevabilité des requêtes étatiques et non étatiques devant la Cour africaine.

[361] Voir *Guide pratique, op.cit.* p. 49.

[362] Le droit d'action individuelle est désormais reconnu aux requérants au sein du Conseil de l'Europe et de l'OEA, sans toute autre formalité.

Commission[363]. Mais dès lors que l'État a fait la déclaration au titre de l'article 34 § 6 du Protocole, les requérants non étatiques peuvent avoir un accès direct à la Cour. Dans ce cas, et c'est ce qui est souhaitable, les individus et les ONG constitueront « l'essentiel de la clientèle de la Cour » comme c'est le cas devant l'actuelle Cour européenne des droits de l'homme. Ils acquièrent ainsi le statut de « partie » à la procédure[364].

À cette phase de la procédure, les articles 6 et 8 du Protocole formulent de façon laconique les rapports de complémentarité procédurale entre la Commission et la Cour africaines pour des cas de saisine directe[365]. En effet, comme le relève M. Mutoy Mubiala, la lecture de l'article 6 du Protocole qui traite de la recevabilité des requêtes devant la Cour semble confirmer la Commission dans son rôle d'« interface » entre la Cour et l'individu[366] en ce sens que, lorsqu'en statuant sur la recevabilité des communications individuelles, la Cour peut solliciter l'avis de la Commission et tenir compte des stipulations de l'article 56 de la Charte africaine reprises par l'article 40 du Règlement intérieur de la Cour. Le même auteur

---

[363] Cas des saisines indirectes.

[364] Article 10 § 2 du Protocole. Par cette disposition, la Cour africaine se situe à la pointe de l'évolution de la représentativité des requérants non étatiques. Cette qualité de partie à l'affaire leur confère un rôle prépondérant dans le procès et des garanties de représentation et de protection énoncées dans le Protocole en son article 10 § 3. Il s'agit d'une innovation du Protocole, parce que même dans le système européen, ce n'est qu'avec l'entrée en vigueur de Protocole n°11 à la CEDH que l'avènement de la Cour unique a fait du requérant individuel une partie à l'affaire à part entière.

[365] L'article 8 du Protocole précise seulement que la Cour doit examiner les requêtes dont elle est saisie en tenant compte de la complémentarité entre elle et la Commission.

[366] M. Mubiala, « La Cour africaine des droits de l'homme et des peuples : Mimétisme institutionnel ou avancée judiciaire ? » *op.cit.* p. 772.

suggère que ce règlement de procédures puisse autoriser les requêtes individuelles et faciliter leur recevabilité et leur examen, ceci dans le cadre d'une collaboration étroite et du partage harmonieux des compétences avec la Commission[367] **(I)**. Sa décision sur la recevabilité est d'une importance particulière sur ses rapports avec la Commission africaine chaque fois qu'elle décide de traiter l'affaire ou de la renvoyer devant la Commission **(II)**.

Paragraphe 1 : La Commission africaine, organe de consultation de la Cour

L'article 6 § 1 du Protocole dispose que : *« la Cour, avant de statuer sur la recevabilité d'une requête introduite en application de l'article 5 § 3 du présent Protocole, peut solliciter l'avis de la Commission qui doit le donner dans les meilleurs délais »*. Cet article a été complété par l'article 119 §§ 1 & 2 du nouveau Règlement de la Commission africaine qui dispose que *« 1. Lorsque, conformément à l'article 6 du Protocole, il est demandé à la Commission de donner son avis sur la recevabilité d'une affaire en instance devant la Cour africaine ou lorsque la cour a transféré une communication à la commission, elle doit examiner la recevabilité de cette affaire conformément à l'article 56 de la Charte et aux articles 105, 106 et 107 du présent Règlement intérieur. 2. Après examen de la recevabilité de la communication qui lui est soumise aux termes de l'article 6 du protocole créant la Cour, la Commission transmet immédiatement à la Cour son avis ou sa décision sur la recevabilité »*.

Les relations et interrelations entre la Commission et la Cour se situent ici au niveau de l'avis émis par la Commission sur une question de droit que lui pose la Cour

---

367 M. Mubiala, *Le système régional africain de protection des droits de l'homme, op.cit.* p. 110.

concernant la recevabilité d'une requête non étatique. Les procédures de ces deux institutions se chevauchent dans les échanges d'avis. Le Protocole, tout comme le Règlement Intérieur de la Cour sont imprécis à cette phase de la procédure. Mais, l'on peut toutefois s'interroger sur la nature de l'avis sollicité par la Cour ? Quels en sont les délais **(A)** ? Et quelle est l'étendue de cet avis **(B)** ?

A. La nature et les délais de l'avis sollicité par la Cour

En réalité, ni les termes du Protocole ni ceux du Règlement Intérieur ne sont clairs sur ces questions. L'article 29 de ce dernier texte qui traite de la relation entre la Cour et la Commission, précisément en son § 4, complétant ainsi l'article 33 du Protocole, indique de façon succincte que *« (...) la Cour consulte la Commission chaque fois que de besoin, sur toute question de procédure touchant aux rapports entre les deux institutions »*. Il est donc prudent que l'on s'attarde sur la nature de ces questions de procédure et les délais impartis à la Commission pour répondre.

1. La nature de l'avis

De manière générale, la Cour a compétence pour connaître de toutes les affaires et tous les différends dont elle est saisie concernant l'interprétation et l'application de la Charte, du Protocole et de tout autre instrument pertinent relatif aux droits de l'homme et ratifié par les États concernés[368]. Ainsi, selon l'article 29 § 4 du Règlement de la Cour complétant l'article 6 § 3 du Protocole, lorsque *« (...) la Cour décide de solliciter l'avis de la Commission en matière de recevabilité des requêtes,*

[368] Article 3 du Protocole, article 26 § 1 (a) du Règlement Intérieur de la Cour africaine.

elle lui envoie une copie des éléments pertinents du dossier de l'affaire en précisant les délais dans lesquels elle souhaite recevoir l'avis ». Au regard de ces dispositions, il importe de préciser que l'avis peut porter sur la quête des éclaircissements sur la personne du requérant et l'expertise de la Commission concernant le fond de la demande. Cette possibilité offerte à la Cour lui permet de compléter sa procédure.

a. Les informations sur la qualité du requérant

Il convient de préciser qu'il est fait allusion uniquement aux affaires concernant les requérants, personnes physiques et les ONG ayant un statut d'observateur auprès de la Commission. En fait, l'article 6 § 3 précité du Protocole ne fait pas allusion au contenu des éléments pertinents du dossier de l'affaire. Il y a tout de même lieu de penser que s'il s'agit des individus, la Commission peut être appelée à fournir des informations sur la personne du requérant ou s'il s'agit d'un groupe d'individus, sur la réputation dudit groupe. S'il s'agit d'une ONG requérante, la Commission peut être amenée à répondre sur l'effectivité du statut d'observateur. Sur ce point, il est important de préciser que du fait de leur nombre pléthorique, la Commission a eu à réviser les critères d'octroi et de jouissance du statut d'observateur aux ONG africaines[369]. D'autres éléments ne peuvent être fournis qu'après une expertise de la Commission.

---

[369] Voir en ce sens la Résolution sur la révision des critères d'octroi et de jouissance du statut d'observateur aux ONG s'occupant des droits de l'homme auprès de la Commission africaine des droits de l'homme et des peuples, ACHPR/Res.33 (XXV) 99. Votée lors de la 25e session ordinaire tenue à Bujumbura (Burundi) du 26 avril au 5 mai 1999 ; Source: www.achpr.org, (visité le 13 mai 2009).

b. L'expertise de la Commission

Au regard de l'expérience de la Commission, l'avis sollicité par la Cour peut concerner le fond de la requête. Il peut s'agir dans ce cas d'une question relative à l'interprétation des dispositions de la Charte. Elle peut également solliciter son avis sur l'existence d'une même affaire concernant une ONG ou un individu ou un groupe d'individus, déjà traitée ou en cours d'examen devant elle. Si l'affaire est pendante devant la Commission, la Cour ne se prononce plus sur la recevabilité. Mais s'il s'agit d'un cas déjà traité par la Commission, la Cour africaine devrait se référer à sa décision.

En outre, la Commission peut être appelée à répondre sur l'efficacité de l'administration de la justice dans tel ou tel pays, en s'appuyant sur ses Rapports, ses Résolutions ou sur une décision concernant une communication contre l'État dont le ressortissant ou l'ONG est requérant devant la Cour[370]. De ce fait, la Cour africaine voudrait avoir le niveau de la protection des droits de l'homme dans l'État mis en cause par la victime. La Commission doit ainsi rédiger un rapport constatant les faits et comportant son avis sur le point de savoir si ceux-ci constituent une violation des droits de l'homme ou une violation des obligations conventionnelles par l'État mis en cause.

Toutes ces informations ainsi que les propositions la Commission doivent être contenues dans un dossier et transmises à la Cour dans les "meilleurs délais". Elles permettront à cette dernière de statuer sur la recevabilité de la requête introduite.

---

[370] Voir *Guide pratique*, *op.cit.* p.50.

2. Les délais de réception de l'avis

La question des délais de réception de l'avis émis par la Commission se rapportant à une communication non étatique devant la Cour n'est pas précise dans la configuration des textes actuels. L'on pourrait penser que dès que la Commission arrive à établir son expertise, elle rend la copie des éléments pertinents du dossier de l'affaire à la Cour. Mais, compte tenu des lenteurs judiciaires généralement reconnues comme le propre des juridictions africaines, le Protocole et le Règlement Intérieur de la Cour semblent relever ce défi dès lors que la Cour doit préciser dans la demande d'avis les délais dans lesquels elle souhaite le recevoir[371]. L'expression ''dans les meilleurs délais'' semble insinuer une sorte d'activisme et de dynamisme de la fonction de la Commission.

En tout état de cause, la Commission n'émet qu'un avis d'expert, la décision sur la recevabilité devant être prise par la Cour elle-même. Toutefois, cette fonction de consultant de la Commission africaine ne va pas sans poser des problèmes non seulement pour des particuliers qui, en saisissant la Cour, avaient souhaité plutôt que leur affaire soit jugée exclusivement par la Cour, mais aussi des problèmes de procédure entre la Cour et la Commission quant à l'étendue de l'avis.

B. L'étendue de l'avis de la Commission africaine

Une fois de plus, les textes ne sont pas clairs sur cette question puisqu'ils ne définissent pas préalablement la nature de l'avis que la Commission est appelée à fournir à la Cour. En vérité, si l'on s'en tient au fait que les cas de violations portés devant la Cour concernent l'interprétation

---

[371] Article 29 § 4 du Règlement Intérieur de la Cour africaine.

et l'application de la Charte, du Protocole ou de tout autre texte pertinent, l'on peut tout de suite se rendre compte que l'avis sollicité par la Cour ne peut concerner que l'application de la Charte. S'il concerne d'autres textes, l'on peut se demander avec M. Sitsofé Kowouvih, au regard de quelle disposition du droit substantiel la Commission doit rendre cet avis ?[372]

Le champ de compétence des deux organes est différent. Celui de la Cour est plus vaste, mais la recevabilité des requêtes devant elle impose le respect de la Charte. Donc, il y a lieu de relever que l'avis sollicité par la Cour ne se limite qu'à la compétence de la Commission et donc à l'application de la Charte. Dans ce cas, elle émet un avis d'expert. Par ailleurs, il en serait autrement si la nature de la question posée à la Commission allait au-delà de sa compétence. Dans cette hypothèse, seule la Cour pourrait donner la décision sur la recevabilité puisque sa compétence s'ouvre à tout autre instrument pertinent relatif aux droits de l'homme ratifié par l'État concerné et son personnel semble avoir plus d'expertise en matière de protection des droits de l'homme. Mais, il ne faut pas perdre de vue que les deux institutions doivent toujours rechercher une harmonisation de leurs compétences. Donc, il revient à la Commission africaine d'utiliser au mieux la Charte africaine et de faire une application concrète des articles 60 et 61 de la Charte, et aussi des articles 3 et 7 du Protocole, pour que cette adéquation soit totale. La Cour a donc la possibilité de connaître des requêtes individuelles ou de les renvoyer devant la Commission.

---

[372] S. Kowouvih, *op.cit*, p. 774.

Paragraphe 2 : La décision de la Cour sur la recevabilité des requêtes individuelles et des ONG

Lorsqu'il s'agit de la recevabilité des requêtes non étatiques, la Cour peut non seulement solliciter l'avis de la Commission, mais aussi, les articles 6 § 3 du Protocole et 29 § 5 (a) de son Règlement Intérieur précisent que la Cour a le choix entre connaître des requêtes **(A)** ou les renvoyer devant la Commission **(B).** Dans un cas comme dans l'autre, il y a complémentarité de procédures.

A. Le traitement de l'affaire par la Cour

Cette partie ne cadre pas véritablement avec la recevabilité des requêtes, mais elle mérite d'être examinée dans la mesure où elle montre également la relation complémentaire entre la Commission et la Cour africaines. En fait, lorsque la Cour juge une requête qui a été portée à sa connaissance recevable, elle peut soit tenter un règlement du différend à l'amiable[373], soit en cas d'échec de celui-ci, examiner le cas au contentieux. En se référant aux deux précédents régionaux, l'on perçoit bien que la Commission est active tout au long de la procédure et son apport est non négligeable. Le traitement de l'affaire par la Cour africaine nécessite une coopération avec la Commission jusqu'au prononcé de l'arrêt.

1. La nécessité de coopération avec la Commission

Dans la phase de l'examen contradictoire de l'affaire, à l'instar des Commissions européenne et interaméricaine qui participent aux débats de leur Cour respective par l'intermédiaire de leurs délégués, les Commissaires

---

[373] Article 9 du Protocole à la Charte, article 56 du Règlement intérieur de la Cour africaine.

africains ou à défaut leurs délégués, devraient normalement participer aux débats devant la Cour africaine. Étant donné que par rapport à toutes les questions de procédure touchant aux rapports entre la Cour et la Commission, la Cour consulte la Commission, celle-ci devrait dès lors participer aux débats et faire des propositions.

Dans le système interaméricain de protection des droits de l'homme précisément, tout au long de la procédure devant la Cour, hormis la participation aux débats, la Commission doit coopérer avec la Cour dans toutes les démarches d'enquête, de convocation d'audience, d'adoption des mesures préventives et autres. C'est la raison pour laquelle, *« elle fait en quelque sorte office de bras exécutif de la Cour »*[374]. En outre, comme le précise l'article 69 § 1 du nouveau Règlement intérieur de la Commission interaméricaine modifié en 2002, la Commission confie à un ou plusieurs de ses membres, de même qu'à son Secrétaire exécutif, le soin de la représenter, en qualité de délégués, dans le cadre de toute question traitée devant la Cour.

Il serait à notre avis souhaitable qu'une telle démarche soit suivie dans le système africain de protection des droits de l'homme. L'on peut déjà relever des avancées significatives à la lecture de l'article 35 § 4 (c) et (d) du Règlement intérieur de la Cour, qui dispose *« qu'en procédant aux communications prévues aux paragraphes 2 et 3 du présent article*[375]*, le Greffier*

---

[374] Le système interaméricain de protection des droits de l'homme : les mécanismes existant ; lien : http/www.trial-ch.org/es/caj/les-mécanismes-existants/le-système-interamericain.html, (Visité le 24 septembre 2009).

[375] Ces paragraphes 2 et 3 de l'article 35 du Règlement intérieur de la Cour précisent également la relation complémentaire entre elle et la Commission au niveau de l'examen des requêtes non étatiques ; la

invite (...), c) s'il y a lieu, la Commission à lui communiquer, dans les trente (30) jours, les noms, prénoms et adresses de ses représentants ;d) le cas échéant, la personne physique ou morale ou l'organisation non-gouvernementale qui avait saisi la Commission en vertu de l'article 55 de la Charte africaine, à lui indiquer, dans les trente (30) jours, si elle souhaite participer à la procédure devant la Cour et, dans l'affirmative, les noms et adresses de ses représentants ». C'est dire que la Commission africaine est désormais appelée à envoyer ses représentants devant la Cour africaine pour qu'ils participent à la procédure. Ce n'est que dans ce cadre qu'il pourra y avoir une réelle coopération entre les deux institutions. Collaboration qui se poursuit jusqu'à la phase de jugement.

2. La signification de l'arrêt à la Commission

L'arrêt de la Cour est pris à la majorité. Il est définitif et sans appel,[376] mais les exceptions à ce principe sont prévues à l'article 28 § 3 du Protocole[377].

L'arrêt de la Cour est signifié aux parties en cause et transmis aux États membres de l'UA ainsi qu'à la Commission[378]. La signification de l'arrêt par la Cour à la Commission participe de la complémentarité entre les deux institutions en ce sens que la Commission vérifie si

---

Cour doit dès réception d'une requête en communiquer copie à la Commission.

[376] Article.28 § 1 du Protocole.

[377] Cet article dispose que « sans préjudice des dispositions de l'alinéa (2) qui précède, réviser son arrêt, en cas de survenance de preuves dont elle n'avait pas connaissance au moment de sa décision et dans les conditions déterminées par le règlement intérieur.

[378] Article 29 § 1 du Protocole. Cet article est repris par l'article 64 du Règlement intérieur de la Cour, mais en précisant que l'arrêt de la Cour doit aussi être signifié à la Conférence, à la Commission de l'UA, ainsi qu'à toute personne ou institution concernées.

la Cour a pris en compte ses avis, ses observations, son expertise et aussi et surtout dans le but de vérifier s'il y a eu harmonisation jurisprudentielle à la suite des procédures. En dehors de cette hypothèse où la Cour décide de connaître de l'affaire, elle a toute la possibilité de la renvoyer devant la Commission.

B. Le renvoi des requêtes non étatiques devant la Commission

L'article 6 § 3 du Protocole permet à la Cour africaine, si elle le souhaite, de ne pas traiter l'affaire portée à sa connaissance même si celle-ci a été jugée recevable et de la renvoyer devant la Commission africaine. Cette disposition est complétée par l'article 29 § 5 (a) du Règlement Intérieur de la Cour. En réalité, ces deux dispositions rendent compte de la complémentarité entre la Commission et la Cour dans l'exercice de leurs fonctions de protection des droits de l'homme en Afrique. On peut s'interroger sur les raisons qui pourraient fonder un renvoi à la Commission alors que la Cour a déjà été saisie et aussi sur la procédure du renvoi.

1. Les fondements du renvoi des requêtes devant la Commission

Il serait judicieux de distinguer les fondements pratiques des fondements juridiques.

a. Les fondements pratiques

Les textes en présence ne précisent pas dans quelles circonstances la Cour doit se dessaisir d'une affaire au profit de la Commission. Mais l'on peut penser que de par sa nature juridictionnelle, elle ne peut recevoir des affaires de moindre envergure, des affaires dites ''minimes'', qui peuvent bien trouver une solution devant la Commission africaine. C'est-à-dire des affaires dénuées de tout fondement ou des affaires dans lesquelles le requérant n'a subi aucun préjudice important. Il revient ainsi à la Commission de décider du sort de ces requêtes. En effet, la Cour ne traite que des cas qui peuvent avoir un apport jurisprudentiel.

b. Les fondements juridiques

La Cour africaine bénéficie d'un large pouvoir d'appréciation lorsqu'il s'agit de connaître une affaire ou de la renvoyer devant la Commission. Elle dispose ainsi d'un pouvoir discrétionnaire en la matière, non seulement en raison de sa nature juridictionnelle, mais aussi du fait qu'elle peut décider de sa propre compétence à connaître ou non d'un cas de violation des droits de l'homme porté à sa connaissance[379].

Il importe de préciser qu'il y a pouvoir discrétionnaire toutes les fois qu'une autorité agit sans que sa conduite lui dictée à l'avance par une règle de droit. Comme il a été relevé plus haut, cette autorité est juge de l'opportunité de la mesure à prendre. Mais il ne s'agit pas surtout d'un pouvoir qui échappe au droit, il n'est pas *« arbitraire »*[380]. Ainsi, si la Cour constate que l'affaire n'aura aucun apport jurisprudentiel, elle peut s'en dessaisir. En fait, les textes en présence ne précisent pas dans quelles circonstances la Cr. ADHP peut se dessaisir d'une affaire au profit de la Co. ADHP. On peut tout de même s'interroger sur les fondements juridiques de la procédure du renvoi à la Co. ADHP alors que la Cour a déjà été saisie. La jurisprudence innovante est beaucoup critiquée sur le plan de l'efficacité de la protection des droits de l'homme en Afrique. Pour le

---

[379] Article 3 § 2 du Protocole.
[380] A. de Laubadaire, J.C. Venezia, Y. Gaudenet, *op.cit.* p. 96.

juge Fatsah Ouguergouz, cette pratique n'est pas fondée en droit[381]. Mais comment la Cour procède-t-elle ?

2. La procédure du renvoi

La procédure du renvoi a trouvé une application concrète par la Cr. ADHP dans sa décision d'incompétence relative à la Requête n° 002/2011[382].La Commission doit davantage faciliter la mission de la Cour africaine lorsque celle-ci se décide de lui renvoyer une requête. L'article 29 § 5 (a) du Règlement Intérieur de la Cour africaine dispose que *« lorsqu'en application du Protocole, article 6 § 3, la Cour décide de renvoyer une affaire devant la Commission, elle transmet une copie de l'ensemble des pièces de la procédure qui lui ont été soumises dans cette affaire (...) »*. Ce renvoi est sujet à caution. L'on peut se demander si la Cour renvoie l'affaire à la Commission pour qu'elle statue seulement sur la recevabilité, ou qu'elle statue à la fois sur la recevabilité et le fond. Le silence du Protocole à la Charte sur cette question ouvre la voie à plusieurs possibilités.

Dans les cas de saisine directe, la compétence de la Cour africaine pour connaître de l'affaire en cas de renvoi devant la Commission africaine devrait normalement être automatique, car la Cour a uniquement transmis l'affaire

---

381 Dans son opinion dissidente suite à la décision du renvoi à la Co. ADHP dans l'affaire Ekollo Moundi Alexandre c/ République du Cameroun et République fédérale du Nigéria, Requête n°008/2011, § 12.

382 Lors de la 21e session ordinaire de la Cr. ADHP tenue à du en juin 2011, la Cr. ADHP s'est déclarée incompétente et a renvoyé l'affaire devant la Co. ADHP, Requête n°002/2011, *Soufiane Ababou c/ République d'Algérie*. Voir aussi les requêtes n°005/2011, *Daniel Amare & Mulugeta Amare c/ Mozambique Airlines and Republic of Mozambique*, et n°006/2011, *Juristes d'Afrique pour la Bonne Gouvernance c/ la Côte d'Ivoire*.

pour instruction.[383] Dans cette hypothèse, il n'y a pas de *« transfert de saisine »*[384]. C'est la Cour africaine qui reste normalement compétente. La possibilité est néanmoins laissée à la Cour de revoir en amont, le travail de la Commission et éventuellement de le rejeter si les conditions de l'article 56 de la Charte ne sont pas respectées. Aussi, il est important de relever que s'agissant du contentieux de l'urgence, *« la Cour africaine n'attendrait pas d'être saisie pour exercer son pouvoir d'urgence, mais elle ordonnerait des mesures provisoires à la requête de la Commission alors que l'affaire serait encore pendante devant cette dernière »*[385]. C'est-à-dire que même en cas d'urgence, lorsque la Cour africaine est directement saisie d'une affaire, elle demande à la Commission africaine d'examiner la situation, d'ordonner la mesure appropriée, avant de lui renvoyer le dossier.

Par contre, le renvoi à la Commission africaine peut être une manière pour la Cour de se décharger de certaines

---

[383] En procédure pénale, l'instruction est « une phase de l'instance pénale constituant une sorte d'avant-procès qui permet d'établir l'existence d'une infraction et de déterminer si les charges relevées à l'encontre des personnes poursuivies sont suffisantes pour qu'une juridiction de jugement soit saisie. Cette phase facultative en matière de délit, obligatoire à deux degrés en matière de crime, est menée d'abord par le juge d'instruction ensuite éventuellement par une chambre d'accusation. » (Raymond Guillien et Jean Vincent, *op.cit.* p. 279). Dans le mécanisme africain de protection des droits de l'homme (comme l'a relevé M. Mubiala, *Le système régional africain de protection des droits de l'homme, op.cit.* p. 104) le Protocole semble attribuer cette compétence à la Commission africaine et il y a tout lieu de penser qu'après *l'instruction préparatoire*, elle renvoie à son tour l'affaire à la Cour africaine pour jugement. Mais il existe toujours à ce sujet un vide juridique, même si l'article 29 § 1 du Protocole précise que la Commission doit transmettre son rapport à la Cour lorsqu'elle décide de la saisir en vertu de l'article 5 § 1 (a).

[384] F. Quilleré-Majzoub, *op.cit.* p. 783.

[385] J.-F. Flauss, *op.cit.* p. 930.

tâches qu'elle ne peut, d'ailleurs objectivement accomplir en raison des contraintes de temps et de moyens[386]. Ceci dit, elle peut constituer un moyen de dessaisissement de l'affaire au profit de la Commission. Le juge Gérard Niyungeko souligne d'ailleurs que la Cour *« peut renvoyer carrément une affaire devant la Commission »*[387]. Dans ce cas, seule la Commission décidera de son sort, puisqu'elle sera appelée à statuer à la fois sur la recevabilité et sur le fond. Cette hypothèse remet en cause tous les efforts fournis pour la création de la Cour africaine dès lors que le mécanisme juridictionnel approprié mis en place n'apportera pas de satisfaction encore moins la garantie escomptée par les requérants.

En fait, dans un cas comme dans l'autre, la transmission du dossier à la Commission constitue ainsi la première phase de la procédure du renvoi. Ainsi, lorsque la Commission est saisie par la Cour, elle établit un rapport après qu'elle ait examiné le cas soumis à son appréciation dans lequel elle prononce « la décision finale ».

Les relations entre la Commission et la Cour africaines s'imbriquent et s'emboîtent tout le long de la procédure. Ceci est le cas aussi bien pour ce qui est des procédures de saisines directes et indirectes que pour la recevabilité des communications devant les deux instances. En tout état de cause, l'efficacité de la protection des droits de l'homme en Afrique et le respect de l'esprit qui a motivé l'institutionnalisation des saisines directes devant la Cour africaine prônent sa compétence même en cas de renvoi devant la Commission africaine. Ce d'autant plus que, des particuliers souhaitant que leur affaire soit tranchée par la Cour, peuvent se retrouver plutôt devant la Commission ; cela risquerait de ruiner non seulement la crédibilité de cette

---

[386] N. Chaouachi, *op.cit.* p. 280.
[387] G. Niyungeko, *op.cit.* p. 733.

Cour régionale, mais aussi et surtout l'effet utile de la saisine directe et le bénéfice escompté par le Protocole pour les requérants non étatiques. De façon générale, dans un contexte de dualité institutionnelle en matière de protection des droits de l'homme profondément marqué par les relations de complémentarité entre la Commission et la Cour africaines, il appartiendrait à cette dernière de renvoyer certaines communications soumises par saisine directe devant la Commission africaine. Mais seulement, elle devra éviter les transferts définitifs qui pourraient éventuellement amener à des situations de non-saisine de la Cour[388]. Dans ces circonstances, elle connaîtra simplement de la recevabilité des cas qui lui seront soumis sur saisine indirecte. Sur ce, on peut relever que l'exercice de la fonction juridictionnelle de la Cour dépendra de l'activisme de la Commission. Ce n'est que par cette voie que l'effectivité de la relation complémentaire entre les deux organes et l'efficacité de la protection des droits de l'homme et des peuples africains se trouveront renforcées.

---

[388] Il s'agit d'un problème soulevé par F. Quilleré-Majzoub, *op.cit.* pp. 782-784 et dont le Protocole à la Charte africaine n'apporte aucune solution. En fait, que se passera-t-il en cas de non saisine de la Cour africaine ? Dans le contexte africain, si le renvoi devant la Commission constitue un moyen pour la Cour de se décharger de l'affaire, cela peut s'analyser comme un prétexte de découragement des requérants qui espèrent obtenir une véritable sanction de la violation de leurs droits et par conséquent sa non saisine. Le Protocole de Ouagadougou ne fait aucunement allusion à cette hypothèse. Cette imprécision est vraiment « regrettable » pour le système africain de protection des droits de l'homme. Mais, dans une situation, pareille, il faut relever que la Cour pourra dès lors connaître des affaires sur saisine indirecte, c'est-à-dire par l'intermédiaire de la Commission africaine. Ce prolongement de la procédure de la Commission devant la Cour n'est pas encore explicite dans les textes africains. De façon générale, qu'il s'agisse de la saisine directe ou indirecte de la Cour, il existe des lacunes, des imprécisions dans la procédure du « renvoi mutuel » des requêtes entre les deux organes.

CONCLUSION

Au terme de la présente étude sur les rapports entre la Commission et la Cour africaines des droits de l'homme et des peuples, il se dégage une dualité fonctionnelle effective du système africain basé sur la complémentarité des deux organes. La présente investigation tournait autour d'une problématique centrale qui était la particularité de leurs relations et interrelations. En réaction à cette question, un double constat est fait :

D'une part, les rapports qu'entretiennent les deux institutions sont complémentaires tant pour ce qui est des compétences consultatives que contentieuses. À travers la consécration du partage de ces compétences, il a été précisé l'encadrement de leurs relations complémentaires dans un contexte de dualité du système. Car, la Commission africaine jouit toujours du double mandat de promotion et de protection, mais ce dernier est réduit à l'interprétation et au pouvoir de recommandation. Étant donné que la fonction juridictionnelle de la Cour réduit son mandat de promotion, elle jouit de ce fait de la compétence universelle et dispose de tous les moyens suffisants pour mener et gagner à peu près toutes les batailles. Relativement au renforcement du pouvoir limité de la Commission, s'impose la nécessité d'une harmonisation de la jurisprudence africaine.

D'autre part, l'on note un emboîtement des procédures tant au niveau de la saisine que de la recevabilité des communications devant les deux institutions. Ainsi, les rapports transparaissent à travers les imbrications processuelles multiples qui existent dans le système aussi bien pour ce qui est de la « saisine directe » qu'« indirecte », que pour ce qui a trait à la recevabilité des requêtes devant la Commission et la Cour africaines, au filtrage des requêtes et à l'intermédiation entre les deux organes.

Contrairement à la réforme du mécanisme européen qui institue un organe unique en supprimant la Commission européenne[389], le constat est donc clair que dans la réforme du système africain, la Cour ne remplace pas la Commission africaine, mais elle complète effectivement le mandat de protection de cette dernière. Cette démarche permet de vérifier l'hypothèse selon laquelle il existe des rapports de complémentarité au plan fonctionnel et processuel. En fondant leurs interrelations sur la complémentarité, le Protocole de Ouagadougou entendait se protéger des éclaboussures potentielles d'une relation tendue entre les deux institutions[390]. Par ailleurs, même si les deux institutions ont procédé à l'harmonisation de leurs règlements intérieurs aux fins de réaliser l'objet des dispositions du Protocole, il y a lieu de souligner que la mise en œuvre de cette complémentarité présente encore des zones d'ombre[391]. Il s'agit entre autres, du sort des requêtes renvoyées à la Commission africaine par la

---

[389]Voir dans ce sens : Ronny ABRAHAM, « La réforme du contrôle de la Convention européenne des droits de l'homme : le Protocole n°11 à la Convention », *AFDI*, XL, 1994 ; BRIBOSIA Dénis, « Le Protocole n°11 à la Convention européenne des droits de l'homme : une révolution de Palais à Strasbourg ?», *Journal des tribunaux*. Droit européen, Bruxelles (Larcier), n°17, 16, mars 1995, pp. 54-62 ; Olivier DE SCHUTTER, « La réforme des mécanismes de contrôle de la Convention européenne des droits de l'homme. État des lieux et perspectives », *Crisp. Courrier hebdomadaire*, 1996, n° 1512-1513 ; Franz MATSCHER, « La Cour européenne des droits de l'homme, hier, aujourd'hui et demain, au lendemain de son cinquantième anniversaire – Regards d'un ancien juge de la Cour », *RTDH,* n° 2009/80, pp. 901-921.

[390] S. S. ZIME YERIMA, « La Cour et la Commission africaines des droits de l'homme et des peuples : noces constructives ou cohabitation ombrageuse ? », *op.cit.* p. 360.

[391] *Idem.*

Cour[392], des conditions très limitatives de transfert des requêtes devant la Cour par la Commission africaine. Dès lors, la nécessité d'un cadre règlementaire de leur collaboration se pose avec acuité. Elle oriente à la dotation d'un instrument unique en réponse au souci de mieux appréhender les interrelations dans une logique d'amélioration et d'harmonisation aux fins d'une meilleure protection des droits de l'homme en Afrique. Mieux, pour renforcer les relations de complémentarité et les rendre plus efficaces et plus sereines, il sera utile que les deux institutions fonctionnent dans la même ville[393].

Une telle orientation pour le système africain se heurte cependant, non seulement aux considérations politiques, mais aussi et surtout à la nouvelle tendance qui singularise le continent noir et freine l'évolution de l'ensemble du système. À ce propos, la volonté de la Conférence des chefs d'État et de gouvernement de fusionner en une seule Cour[394], la Cour africaine avec la Cour de Justice de l'Union Africaine (CJUA) est très préoccupante, car elle renforce le pessimisme sur l'opportunité de saisir le système africain. Au-delà de ces acquis et *a contrario,* l'avènement de la future Cour donne lieu de s'inquiéter sur l'avenir des droits de l'homme en Afrique. En effet, comment comprendre cette nouvelle structure dans laquelle l'organe régional de contrôle et de garantie des droits de l'homme est réduit en une simple "Section" de la Cour africaine de Justice et des Droits de l'Homme

---

[392] C. V. NOUAZI KEMKENG, « Les complémentarités inter institutionnelles dans le système africain de protection des droits de l'homme », *op.cit.*

[393] La Commission et la Cour européennes siégeaient toutes à Strasbourg. Voir H. G. Espiell, *op.cit.* p. 447.

[394] Décision Assembly/AU/Dec (118) VII, Doc.Ex.CL/253 (IX) Rev.1, 3e session ordinaire tenue Addis-Abeba (Éthiopie), juillet 2004.

(CAJDH)[395] ; et la Commission africaine, semble-t-il, en une “sous-Section” ? Dans une telle configuration au demeurant unique en matière de protection régionale des droits humains, la protection des droits de l’homme et des peuples africains serait-elle encore efficace ?

Il faut certes reconnaître qu’au regard des avancées considérables dans la mise en place de cette Cour unique[396], force est de constater qu’à la différence du système européen, l’on peut se réjouir de la conservation de la Commission africaine dans le Protocole de

---

[395] Lire à ce sujet les analyses critiques à propos de la fusion telles que celles du Pr. J. D. Boukongou, op.cit. p. 144. L’auteur souligne en effet que « l’idée de fusion signifie dans le projet de Mahommed Bedjaoui que la Cour des droits de l’homme devient une chambre spécialisée dans le magma juridictionnel de l’Union africaine ». Lire aussi Carole Valérie NOUAZI KEMKENG, « De la Cour africaine des droits de l’homme et des peuples à la Cour africaine de justice et des droits de l’homme. Étude comparée du renouveau du régionalisme africain des droits de l’homme », *in Revue algérienne de droit comparé, Laboratoire de droit comparé, Faculté de droit et de sciences politiques, Université de Tlemcen*, n°1, juillet 2014, pp. 65-81. Du même auteur, « Le régionalisme juridictionnel africain à l’épreuve de la fusion annoncée. Une analyse prospective à la lumière des autres régionalismes juridictionnels *», in Le Régionalisme, L’Observateur des Nations Unies, Revue semestrielle de droit international de l’Association française pour les Nations Unies - Aix-en-Provence, Presses universitaires d’Aix-Marseille,* 2013-2, vol. 35, pp. 181-201. Voir également Abdou DANGABO MOUSSA, « Chronique de la Cour africaine des Droits de l’Homme et des Peuples à la Cour de Justice de l’Union africaine : Histoire d’une coexistence pacifique en attendant la fusion », Revue internationale de droit pénal 2005/1 (Vol. 76), pp. 135-138.

[396] Voir en ce sens le Protocole portant Statut de la Cour africaine de justice et des droits de l’homme (CAJDH) adopté lors de la 11e session ordinaire de l’Assemblée de l’Union Africaine qui s’est tenue le 1er juillet 2008 à Sharm El-Sheim en Égypte (non encore entré en vigueur).

Ouagadougou et dans les évolutions ultérieures[397]. Le manque de moyens financiers et techniques étant le véritable problème des institutions africaines, il sera alors capital que les gouvernements africains allouent les ressources adéquates à la Commission africaine qui a œuvré pendant plus de vingt ans au service des droits de l'homme en Afrique, au lieu de penser à sa suppression comme une solution idoine pour la protection des dits droits comme on peut le voir dans le mécanisme européen. Ils devront plutôt œuvrer à garantir un cadre pratique permettant aux deux organes d'enrichir, dans une optique constructive, leurs relations complémentaires. Ceci est d'autant plus nécessaire que les résultats de la Cour dépendent, dans une large mesure, de l'efficacité de la Commission. Même s'il s'agit d'une construction progressive, il importe également de préciser que c'est de l'effectivité de la relation complémentaire entre la Commission et la Cour que dépendra l'avenir des droits de l'homme en Afrique. Certainement, cette complémentarité constitue ou constituera le socle de l'efficacité du système africain des droits de l'homme[398].

---

[397] L'article 27 § 2 du nouveau Statut de la Cour africaine de justice et des droits de l'homme.

[398] Samir Séro ZIME YERIMA, « La Cour et la Commission africaines des droits de l'homme et des peuples : noces constructives ou cohabitation ombrageuse ? », *op.cit.* p. 360.

BIBLIOGRAPHIE

I. OUVRAGES

A. Ouvrages généraux :

- **COMBACAU (Jean) et SUR (Serge)**, *Droit international public*, 7e édition, 2006, Paris, Montchrestien, 813 pages.
- **DECAUX (Emmanuel),** *Droit international public*, 4e édition, Paris, Dalloz, 2004, 358 pages.
- **DUPUY (Pierre-Marie)**, *Droit international public*, 5e édition Paris, précis Dalloz, 2000, 731 pages.
- **GRAWITZ (Madeleine),** *Méthodes des sciences sociales,* 11e édition, Paris, Dalloz, 2001, 1019 pages.
- **NGUYEN (Quoc Dinh), DAILLIER (Patrick) et PELLET (Alain),** *Droit international public*, Paris, LGDJ, 7e édition, 2002, 1510 pages.

B. Ouvrages spécialisés et Colloques

1. Ouvrages spécialisés

- **BERGEL (Jean-Louis),** *Méthodologie juridique*, 1re édition, Paris, PUF, collection « Thémis », 2001, 407 pages.

- **BOUKONGOU (Jean Didier),** (Dir.) *Protection des droits de l'homme en Afrique,* Manuels des formateurs, Yaoundé, UCAC, juin 2007, 198 pages.
- **ETEKA YEMET (Valère),** *La Charte africaine des droits de l'homme et des peuples. Étude comparative,* Paris, Harmattan, 1996, 477 pages.
- **FOKA (Frédéric),** *Le contentieux africain des droits de l'homme et des peuples*, Éditions 3ft, 2008, 180 pages.
- **KEBA M'BAYE,** *Les droits de l'homme en Afrique*, 2e édition, Paris, A. Pedone, 2002, 386 pages.
- **MAKOUNDZI-WOLO (Nestor)**, *La Commission africaine des droits de l'homme et des peuples, Panacée ou Placebo ? Les illusions d'une Charte*, UNESCO, Dakar, Sénégal 1997, ISBN 92.90.91.060.07, 121 pages.
- **MADIOT (Yves)**, *Droits de l'homme,* 2e édition, Collection Droit et Sciences économiques, Masson, Paris, 1991, 230 pages.
- **MALONE (Linda),** *Les droits de l'homme dans le droit international,* Paris, *Nouveaux Horizons,* 2004, 172 pages.
- **MATHIEU (Jean Luc),** *La défense internationale des droits de l'homme*, 2e édition mise à jour, Que sais-je ? Paris, PUF, 1998, 127 pages.
- **MAUGENEST (Denis)** et **POUGOUE (Paul-Gérard),** (Dir.) *Droits de l'homme en Afrique centrale,* Actes du Colloque de Yaoundé, 9-11 novembre 1994, UCAC-Karthala, 1996, 283 p.
- **MUTOY MUBIALA**, *Le système de protection des droits de l'homme de l'ONU à l'aube du*

XXIe siècle, collection *"Apprendre"*, Yaoundé, UCAC, 2002, 217 p.

- **MUTOY MUBIALA,** *Le système régional africain de protection des droits de l'homme,* Bruxelles, Bruylant, 2005, 299 p.
- **OLINGA (Alain Didier)** (Dir.), *La protection internationale des droits de l'homme en Afrique. Dynamiques, enjeux et perspectives trente ans après l'adoption de la Charte africaine des droits de l'homme et des peuples,* Yaoundé, éd. Clé, 2012, 321 p.
- **OUGUERGOUZ (Fatsah),** *La Charte africaine des droits de l'homme et des peuples. Une approche juridique entre tradition et modernité*, Paris, PUF, 1993, 479 p.
- **ORLU NMEHIELLE (Vincent O.),** *The African human rights system. Its laws Practice, and Institutions, International studies in human rights,* Martinus Nijhoff publishers, The Hague, London-New York, 2001, vol.69, 443 p.
- **ROUVEYRAN (Jean-Claude),** *Mémoires et thèses. L'art et les méthodes*, Maisonneuve et Larose, Paris 1989, 197 p.
- **SUDRE (Frédéric),** *Droit international et européen des droits fondamentaux de l'homme*, 1re édition, Paris, PUF, 1989, 302 p.
- **SUDRE (Frédéric),** *Droit international et européen des droits fondamentaux de l'homme*, 5e édition, Paris, PUF, mai 2001, 536 p.

2. Dictionnaires et autres documents

- **CORNU (Gérard),** *Vocabulaire juridique* 2003, 4e édition, PUF, 951 p.
- **GUILLIEN (Raymond)** et **VINCENT (Jean),** *Lexique des termes juridiques,* (Dir.) Serge Guinchard et Gabriel Montagnier, 8e édition, Dalloz 1990, 517 p.
- **RIPERT (Pierre),** *Dictionnaire des synonymes de la langue française*, Maxi-livres, Paris 2001, 306 p.
- **SALMON (Jean),** *Dictionnaire de droit international public*, Bruylant, Bruxelles, 2001, 1198 p.
- *Le Larousse de poche*, 2003, 1009 p.
- *Guide pratique pour comprendre et utiliser la Cour africaine des droits de l'homme et des peuples*, FIDH, Paris, 2004, www.fidh.org, 116 p.
- *Compilation des décisions sur les communications de la Commission africaine des droits de l'homme et des peuples,* 1988-1999, 369 p.
- *La Cour africaine des droits de l'homme et des peuples : une occasion de renforcer la protection des droits humains en Afrique*, Rapport de Amnesty International, Index AI : IOR 63/001/02, Londres, juillet 2002, 41 p.
- *Rapport du Président de la Cour africaine des droits de l'homme et des peuples pour l'année 2006*, Conférence de l'Union Africaine, Assembly AU/8 (VIII), huitième session ordinaire du 29-30 janvier 2007, Addis-Abeba (Éthiopie), 16 p. www.africa-union.org

- *Bulletin Interights*, A Review of the international Centre for the Legal Protection of Human Rights, ISSN 0268-3709, vol.15, n°1, 2004, 34 p.
- *Intervention sur la situation générale des droits de l'homme en Afrique,* http:/www.fidh.org/ship.php ? article5529, FIDH, Forum des ONG, 23 mai 2008, 4 p.
- *Résolution sur la révision des critères d'octroi et de jouissance du statut d'observateur aux ONG s'occupant des droits de l'homme auprès de la Commission africaine des droits de l'homme et des peuples,* ACHPR/Rés.33 (XXV) 99, votée lors de la 25e session ordinaire tenue à Bujumbura (Burundi) du 26 avril au 5 mai 1999, 3 p.
- *The African Court on Human and people's Rights. Presentation, analysis and commentary: The Protocol to the African Charter on Human rights and people's Rights, establishing the Court,* Association pour la prevention de la torture, Genève, Janvier 2000, 17 pages. (http://www.apt.ch)
- *Chronique de Amériques* « faits saillants des dernières audiences de la Commission interaméricaine des droits de l'homme » n° 14, avril 2004, http://www.cidh.oas.org/, visité en mars 2009, 7 p.
- *Avis juridique de la Commission africaine des droits de l'homme et des peuples sur la Déclaration des Nations Unies sur les droits des peuples autochtones,* adoptée par la Commission africaine des droits de l'homme et des peuples lors de sa 41e Session ordinaire tenue en mai 2007 à Accra au Ghana, 12 p ; www.africa-union.org

3. Colloques

- *Droits de l'homme en Afrique*, contributions pluridisciplinaires, 2001-2004, Cahier de l'Institut des droits de l'homme, Lyon, 243 p.
- *Défendre les droits humains en Afrique. Points de vue sur la Commission africaine des droits de l'homme et des peuples,* (Dir.) Michael WODZICKI, Agence canadienne de développement international, Colloque de décembre 2008, 87 p.
- *Justice et juridictions internationales*, Colloque de Tunis (13,14 et 15 avril 2000), (Dir.) Rafaa Beb Achour et Slim Laghmani, Paris, A. Pedone, 2000, 336 p.
- *L'application nationale de la Charte africaine des droits de l'homme et des peuples*, (Dir.) Jean-François Flauss et Élisabeth Lambert-Abdelgawad, Institut international des droits de l'homme, Collection Droit et Justice, Bruylant 2004, 266 p.
- *Migrations et protection des droits de l'homme*, Droit international de la migration, R. Perruchoud (éditeur), n° 3, Genève 2005.
- *Protection des droits de l'homme et l'évolution de droit international,* SFDI, Colloque de Strasbourg 29, 30, 31 mai 1997, Edition A. Pedone, Paris 1998, 341 p.

II. ARTICLES ET CONTRIBUTIONS

- **ABRAHAM (Ronny)**, « La réforme du contrôle de la Convention européenne des droits de l'homme : le Protocole n° 11 à la Convention », *AFDI*, XL, 1994.

- **ATANGANA AMOUGOU (Jean-Louis),** « La Commission africaine des droits de l'homme et des peuples », *Revue de Droits fondamentaux*, n° 1, juillet-décembre 2001, pp. 91-117.
- **ATANGANA AMOUGOU (Jean-Louis),** « Avancées et limites du système africain de protection des droits de l'homme : la naissance de la Cour africaine des droits de l'homme et des peuples », *Revue de Droits fondamentaux*, n° 3, janvier-décembre 2003, pp. 176-178.
- **BADAWI ELSHEIKH (Ibrahim Ali),** "The future relationship between the african Court and Commission", *AHRLJ*, vol. 2, 2002, pp. 252-260.
- **BARICAKO (Germain),** « La mise en œuvre des décisions de la Commission africaine par les autorités nationales », in *L'application nationale de la Charte africaine des droits et des peuples*, (Dir.) Jean-François Flauss et Élisabeth Lambert-Abdelgawad, Institut international des droits de l'homme, Collection Droit et Justice, Bruylant 2004, pp.207-204.
- **BOUMAKANI (Benjamin),** « Démocratie, Droits de l'homme et État de droit », *Annales de la FSJP de Dschang*, Tome 1, vol 2, PUA, 1997, pp. 5-22.
- **BOUKRIF (Hamid),** « La Cour africaine des droits de l'homme et des peuples : un organe judiciaire au service des droits de l'homme et des peuples en Afrique » *RADIC,* 1998, pp. 60-87.
- **BRIBOSIA (Dénis),** « Le Protocole n° 11 à la Convention européenne des droits de l'homme : une révolution de Palais à Strasbourg ? », *Journal des*

tribunaux. Droit européen, Bruxelles (Larcier), n° 17, 16, mars 1995, pp. 54-62.

- **CANCADE TRINDADE (Antonio Augusto),** "The inter-american system of protection of human rights (1948-1999): evolution, present state and perspectives", *RCADI,* International Institute of Human Right, XXX Study Session, Strasbourg, 12-16 July 1999, 59 p.
- **DANGABO MOUSSA (Abdou),** « Chronique de la Cour africaine des Droits de l'Homme et des Peuples à la Cour de Justice de l'Union africaine : Histoire d'une coexistence pacifique en attendant la fusion », *Revue internationale de droit pénal* 2005/1 (Vol. 76), p. 135-138.
- **DELAS (Olivier)** et **NTAGANDA (Eugène),** « La création de la Cour africaine des droits de l'homme et des peuples : mécanisme efficace de protection des droits de l'homme ? », *Revue québécoise de droit international,* vol 2, n° 12, 1999, pp. 99-124.
- **DE SCHUTTER (Olivier)**, « La réforme des mécanismes de contrôle de la Convention européenne des droits de l'homme. État des lieux et perspectives », *Crisp. Courrier hebdomadaire*, 1996, n° 1512-1513.
- **DONFACK SONKENG (Léopold),** « Mondialisation et droits de l'homme en Afrique », in *Revue camerounaise d'études internationales*, n° 001, IRIC 2007, pp. 103-132.
- **DULITZKY (Ariel E.),** "The relationship between the African Commission and the African Court : Lessons from the Inter-American System", in *Bulletin Interights*, A Review of the international

Centre for the Legal Protection of Human Rights, vol.15, n°1, 2004, pp.10-12.

- **FLAUSS (Jean-François)**, « Notules sur les mesures provisoires devant la Commission africaine des droits de l'homme et des peuples », *RTDH,* n° 55, 2003, pp. 923-930.
- **GHAZI (Gherairi),** « Aspects de la procédure devant les juridictions relatives aux droits de l'homme », in *Justice et juridictions internationales,* Colloque de Tunis, pp. 189-206.
- **GIALDINO (Rolando E.)**, « Le nouveau règlement intérieur de la Commission interaméricaine des droits de l'homme », *RTDH*, n° 55, 2003, pp. 895-922.
- **GUIMDO DONGMO (Bernard-Raymond),** « Pratique du contentieux international des droits de l'homme et procédures d'urgence », in *Protection des droits de l'homme en Afrique,* (Dir.) Jean Didier BOUKONGOU, UCAC, 2007, pp. 185-196.
- **GUIMDO DONGMO (Bernard-Raymond),** « Le droit d'accès à la justice administrative au Cameroun. Contribution à l'étude d'un droit fondamental », in *Revue Africaine des Sciences Juridiques (RASJ),* vol 4, n° 1, 2007, pp. 169-216.
- **GROS ESPIELL (Hector),** « La Commission et la Cour interaméricaines des droits de l'homme. Situation actuelle et perspectives d'avenir », in *Mélanges à Louis Edmond PETTITI,* Bruylant, Bruxelles, 1998, pp. 437-448.
- **HEYNS (Christof),** « Le rôle de la future Cour africaine des droits de l'homme et des peuples », in *L'application nationale de la Charte africaine des*

droits de l'homme et des peuples, (Dir.) Jean-François Flauss et Élisabeth Lambert-Abdelgawad, Bruylant 2004, pp. 235-246.

- **KABEYA ILUNGA (Noël),** « De l'OUA à l'Union Africaine : Évolution, limites et défis de la protection des droits de l'homme en Afrique », http://www.droitshumains.org/, visité le 3 novembre 2008, 21 p.
- **KOUSSETOGUE KOUDE (Roger),** « Le diptyque africanité-universalité ou la double identité de l'ordre juridictionnel africain de protection des droits de l'homme », *Études interculturelles*, n°1/2008, pp. 57-76.
- **KOWOUVIH (Sitsofé),** « La Cour africaine des droits de l'homme et des peuples : une rectification du concept de spécificité africaine en matière de droits de l'homme », *Revue trimestrielle des droits de l'homme*, n° 59, 2004. pp. 757-790.
- **MATSCHER (Franz)**, « La Cour européenne des droits de l'homme, hier, aujourd'hui et demain, au lendemain de son cinquantième anniversaire – Regards d'un ancien juge de la Cour », *RTDH,* n° 2009/80, pp. 901-921.
- **MAVILA (Jean-Claude),** « Plaidoyer pour le respect des droits de l'homme et de peuples pour l'Afrique de l'an 2000 », in *Droits de l'homme en Afrique centrale*, Actes du Colloque de Yaoundé (Dir.) MAUGENEST (Denis) et POUGOUE (P-G), 9-novembre 1994, UCAC-Karthala, 1996, pp. 111-126.
- **MUTOY MUBIALA**, « La Cour africaine des droits de l'homme et des peuples : mimétisme

institutionnel ou avancée judiciaire ? » *RGDIP,* vol 102, n° 3, 1998, pp. 765-780.

- **N. BARNEY (Pityana),** “Reflections on the African Court on Human and Peoples’ Rights”, *African Human Rights Law Journal,* vol.4, n°1, 2004, pp. 129-129.
- **NDIAGA LOUM**, « Le système africain des droits humains : les mécanismes institutionnels et leurs interrelations », in *Défendre les droits humains en Afrique. Points de vue sur la Commission africaine des droits de l’homme et des peuples,* Michael WODZICKI (Dir.), Agence canadienne de développement international, Colloque de décembre 2008, pp.19-32.
- **NIKKEN (Pedro),** « Le système interaméricain des droits de l’homme », *RUDH,* vol.2, n° 3, 1999, pp. 97-109.
- **NGUEMA (Nisrine Eba),** « La Commission africaine des droits de l’homme et des peuples et sa mission de protection des droits de l’homme », La Revue des droits de l’homme [En ligne], 11 | 2017, mis en ligne le 5 janvier 2017, consulté le 23 janvier 2017. URL : http://revdh.revues.org/2844 ; DOI : 10.4000/ revdh.2844
- **NIYUNGEKO (Gérard)**, « La Cour africaine des droits de l’homme et des peuples : défis et perspectives », *RTDH,* n° 79, 2009, pp. 731-738.
- **NOUBA CHAOUACHI,** « La Cour africaine des droits de l’homme et des peuples », in *Justice et juridictions internationales,* Colloque de Tunis, Paris, A. Pedone, 2000, pp. 271-290.

- **NOUAZI KEMKENG (Carole Valérie),** « Les complémentarités inter institutionnelles dans le système africain de protection des droits de l'homme », *in Alain Didier OLINGA (Dir.), La protection internationale des droits de l'homme en Afrique. Dynamiques, enjeux et perspectives trente ans après l'adoption de la Charte africaine des droits de l'homme et des peuples,* Yaoundé-Cameroun, éd. Clé, septembre 2012, pp. 281-310.
- **NOUAZI KEMKENG (Carole Valérie),** « Le bilan décennal de la Cour africaine des droits de l'homme et des peuples » *Droits de l'homme 2.0 : quelle protection à l'ère du numérique ? Revue semestrielle de droit international de l'Association française pour les Nations Unies - Aix-en-Provence, Presses universitaires d'Aix-Marseille,* 2015, volume 38, n° 1, pp. 169-189.
- **NOUAZI KEMKENG (Carole Valérie),** « De la Cour africaine des droits de l'homme et des peuples à la Cour africaine de justice et des droits de l'homme. Étude comparée du renouveau du régionalisme africain des droits de l'homme », *in Revue algérienne de droit comparé,* Laboratoire de droit comparé, Faculté de droit et de sciences politiques, Université de Tlemcen, n°1, juillet 2014, pp. 65-81.
- **NOUAZI KEMKENG (Carole Valérie),** « Le régionalisme juridictionnel africain à l'épreuve de la fusion annoncée. Une analyse prospective à la lumière des autres régionalismes juridictionnels », *in Le Régionalisme, L'Observateur des Nations Unies, Revue semestrielle de droit international de l'Association française pour les Nations Unies -*

Aix-en-Provence, Presses universitaires d'Aix-Marseille, 2013-2, vol. 35, pp. 181-201.

- **NTWARI (Guy-Fleury)**, « La Cour africaine des droits de l'homme et des peuples à la croisée des chemins – Bilan des cinq premières années d'activités judiciaires (2009-2014) », *RTDH*, n° 102, 2015, pp. 367-391.

- **ODINKAKU (Chidi A.)**, « Complémentarité, Compétition ou Contradiction : la relation entre la Cour africaine des droits de l'homme et des peuples et les Cours Economiques Régionales en Afrique Australe et de l'Est », *Communication présentée à la Conférence des États d'Afrique Australe et de l'Est sur le Protocole établissant la Cour africaine des droits de l'homme et des peuples*, Gaborone, Botswana, 9-10 décembre 2003 (Article non publié), lien : http:/www.africancourtcoalition.org/content files/files/chidiSurlaComplementarite.doc, visité le 20 janvier 2009, 9 p.

- **OLINGA (Alain Didier),** « L'effectivité de la Charte africaine des droits de l'homme et des peuples », in *Revue Afrique 2000*, avril- octobre, n° 27 /28, pp. 171-185.

- **OLINGA (Alain Didier),** « L'Afrique face à la "globalisation" des techniques de protection des droits fondamentaux », *in Revue camerounaise des relations internationales*, IRIC, 2000, pp. 145-169.

- **OLINGA (Alain Didier),** « Le contentieux camerounais devant le Comité de droits de l'homme et la Commission africaine de Banjul », *in Intégrité physique et dignité humaine, Cahiers africains des droits de l'homme*, n° 1, août 2001, pp. 115-135.

- **OLINGA (Alain Didier),** « Les emprunts normatifs de la Commission africaine des droits de l'homme et des peuples aux systèmes européen et interaméricain de garantie des droits de l'homme », *in Revue trimestrielle des droits de l'homme*, 16e année, n° 62, 1er avril 2005, *Némésis*, Bruylant, pp. 499 -537.
- **OLINGA (Alain Didier),** « Les mécanismes internationaux de promotion et de protection des droits de l'homme », in *Migrations et protection des droits de l'homme*, Droit international de la migration, R. PERRUCHOUD (éditeur), n° 3, Genève 2005.
- **OULD CHENA Ch. (Sidi Mohamed)**, « La Cour africaine des droits de l'homme et des peuples : un processus de longue haleine », www.google.fr/search, s. l, s.d.
- **POUGOUE (Paul-Gérard),** « Lecture de la Charte africaine des droits de l'homme et des peuples », *Droits de l'homme en Afrique centrale*, Actes de Colloque de Yaoundé (Dir.) MAUGENEST (Denis) et POUGOUE (Paul-Gérard), UCAC-Karthala, 1996, pp. 31-45.
- **QUILLERE-MAJZOUB (Fafienne),** « L'option juridictionnelle de la protection des droits de l'homme en Afrique-Etude comparée autour de la création de la Cour africaine des droits de l'homme et des peuples », *RTDH*, 2000, pp. 729-785.
- **WASCHSMANN (Patrick)**, « Les méthodes d'interprétation des Conventions internationales relatives à la protection des droits de l'homme », in *Les droits de l'homme et l'évolution du Droit*

international, SFDI, Colloque de Strasbourg, 1997, pp. 157-195.

- **WERNER (Hoeffner),** « L'accès de l'individu à la Cour africaine des droits de l'homme et des peuples », *Revista Juridica, vol. 02, n°. 43, Curitiba,* 2016, pp. 825-883.
- **ZIME YERIMA (Samir Séro) «** La Cour et la Commission africaines des droits de l'homme et des peuples : noces constructives ou cohabitation ombrageuse ? », *Annuaire Africain des Droits de l'Homme,* vol. 1, 2017, 357-385, http://doi.org/10.29053/2523-1367/2017/v1n1a17

III. THÈSES ET MÉMOIRES

- **AFUBA ATERBEH (Gerald),** *The African Court on human and peoples rights,* DESS/IRIC, mai 2006,120 p.
- **KAMWANGA (Kiliya Dominique),** *Les mécanismes internationaux de protection et l'effectivité des droits de l'homme,* Université D'ABOMEY-CALAVI (Bénin) ; http://www.memoireonline.com/
- **NOUAZI KEMKENG (Carole Valérie),** « Les rapports entre la Commission et la Cour africaines des droits de l'homme et des peuples », Mémoire de DEA soutenu publiquement à l'Université de Yaoundé II-Soa, sous la direction du Professeur Bernard-Raymond GUIMDO DONGMO, Agrégé des Facultés de Droit, 1er avril 2010, 217 p.

- **OUMBA (Parfait),** *La CIJ et la problématique des droits de l'homme, Master en Droits de l'homme et Action humanitaire,* UCAC, 2004, 96 p. (http://www.memoireonline.com/12/05/19/cij-problematique-droits-de-l-homme.html).
- **OUMAR BA,** *La Commission des droits de l'homme et des peuples : Contribution à l'étude de la protection des droits de l'homme et des peuples,* Thèse de Doctorat, 3e cycle, IRIC, Yaoundé, octobre 1993, 336 p.

IV. TEXTES JURIDIQUES

A. TEXTES UNIVERSELS

- Déclaration Universelle des Droits de l'Homme du 10 décembre 1948.
- Charte des Nations Unies adoptée à San Francisco le 26 juin 1945.
- Pacte international relatif aux droits civils et politiques du 16 décembre 1966.
- Pacte international relatif aux droits économiques, sociaux et culturels du 16 décembre 1966

B. TEXTES RÉGIONAUX

1- Textes africains

- La Charte africaine des droits de l'homme et des peuples adoptée le 27 juin 1981 et entrée en vigueur le 21 octobre 1986.
- Le Protocole relatif à la Charte africaine portant création de la Cour africaine des droits de l'homme

et des peuples adopté le 9 juin 1998 et entré en vigueur le 25 janvier 2004.

- Le Règlement intérieur de la Commission africaine des droits de l'homme et des peuples entré en vigueur le 13 février 1988 et révisé lors de sa 47e session ordinaire tenue à Banjul (Gambie) du 12 au 26 mai 2010 et entré en vigueur le 18 août 2010.
- Le Règlement intérieur la Cour africaine des droits de l'homme et des peuples, signé à Arusha en Tanzanie et entré en vigueur en 2010.
- Le Protocole portant Statut de la Cour de Justice de l'Union Africaine et des Droits de l'Homme (CJUADH) adopté lors la 11e session ordinaire de l'Assemblée qui s'est tenue le 1er juillet 2008 à Sharm El-Sheim en Égypte.

2- Textes européens

- La Convention européenne des droits de l'homme adoptée à Rome le 4 novembre 1950.
- La Convention de sauvegarde des droits de l'homme et des libertés fondamentales telle qu'amendée par le Protocole n° 11.
- Le Protocole n° 11 à la Convention européenne des droits de l'homme adopté le 11 mai 1994 à Strasbourg et entré en vigueur le 1er novembre 1998.

3- Textes américains

- Convention américaine relative aux droits de l'homme adoptée le 22 novembre 1969 et entrée en vigueur le 18 juin 1978.
- Statut de la Cour interaméricaine des droits de l'homme adopté en octobre 1979.
- Règlement de la Commission interaméricaine des droits de l'homme adopté le 29 juin 1987, (modifié d'abord lors de la 109e Session extraordinaire de la Commission interaméricaine tenue du 4 au 8 décembre 2000 et ensuite lors de sa 116e période ordinaire de session tenue du 7 au 25 octobre 2002).
- Statut de la Cour interaméricaine des droits de l'homme, octobre 1979.
- Règlement intérieur de la Cour interaméricaine des droits de l'homme adopté le 18 janvier 1991.

V. JURISPRUDENCE

A. Jurisprudence internationale

- CPJI, avis de 1923 sur les Décrets de nationalité, série B, n° 4, France c/ Royaume-Uni.
- CPJI, affaire *Concessions Mavrommatis, Grèce c/ Royaume–Uni*, arrêt du 30 août 1924 (série A, n° 2), Recueil 1924.
- CIJ, *Affaire de la Barcelona Traction Light and Power Compagny*, arrêt du 5 février 1970, Recueil, 1970.

- CIJ, avis consultatif du 20 juillet 1962, *relatif à certaines dépenses des Nations unies,* Recueil 1962
- -CIJ, avis consultatif du 16 octobre 1975, *Sahara occidental*, Recueil 1975
- CIJ, avis consultatif du 8 juillet 1996, *licéité de la menace ou de l'emploi d'armes nucléaires.*
- CIJ, avis consultatif du 30 mars 1950 relatif à l'interprétation des traités de paix
- CIJ, affaire de l'Interhandel, Suisse c/ USA, Recueil 1959
- CIJ, Affaire du Sahara Occidental, Maroc c/ Espagne, 16 octobre 1975.

B. Jurisprudence de la Commission africaine des droits de l'homme et des peuples

- Communications 54/91, 61/91, 98/93, 154/97 et 210/98, Amnesty International, Ms Sarr Diop and RADDHO, collectif des veuves et ayants droits, Association Mauritanienne des droits de l'homme c/ Mauritanie.
- Communications 173/94, 139/94, 154/96 et 161/97, International Pen et autres (pour le compte de Saro Wiwa) c/Nigeria, 1998.
- Communication n° 60/91 ; Constitutionnal rights Project (pour le compte de wahab Akamu, G. Adega et autres) c/ Nigeria

- Communication n° 39/90, Annette Pagnoulle, pour le compte Abdoulaye Mazou c/ Cameroun, 1995, 1997.
- Communication 59/91, Embga Mekongo Louis c/ Cameroun, 1995.
- Communication n° 106/93, décembre 1993. Affaire Amuh Joseph Vitine c/Cameroun, 16 septembre 1993.
- Communication n°5/88, affaire Prince J.N. Majoké c/ USA
- Communication 232/99, John D. Ouko c/ Kenya,
- Communication 215/98, Rigths International c/ Nigeria.
- Communication 69/92, Amnesty international c/ Tunisie
- Communications147/95 et 149/96, Sir Dawda K. Jawara c/ Gambie
- Communication 97/93, John K. Modise c/ Botswana,
- Communication 218/98, Militaires nigérians c/ Nigeria
- Communication 65/92, Ligue Camerounaise des droits de l'homme c/ Cameroun
- Communication 240/2001, Interights, pour le compte Mme Mariette Sonjaleen Bosh c/ Botwana.
- Communication 290/2004, Open Society Justice Initiative (pour le compte de Puis Njawé Noumeni c/ Cameroun, 2006.

- Communication 227/1999, République Démocratique du Congo c/ Burundi, Rwanda et Ouganda, 2006.
- Communication Media Rights Agenda c/ Nigeria, 6 novembre 2000.

C. Jurisprudence de la Cour Africaine des Droits de l'Homme et des peuples

- Cr. ADHHP, Requête n° 008/2011, *Ekollo Moundi Alexandre c/ République du Cameroun et République fédérale du Nigéria,*
- Cr. ADHHP, Requête n° 002/2011, *Soufiane Ababou c/ République d'Algérie.*
- Cr. ADHHP, Requête n° 005/2011, *Daniel Amare & Mulugeta Amare c/ Mozambique Airlines and Republic of Mozambique,*
- Cr. ADHHP, Requête n° 006/2011, *Juristes d'Afrique pour la Bonne Gouvernance c/ la Côte d'Ivoire.*
- Cr. ADHHP, Requête n° 004/2011, *Co. ADHP c/ Gouvernement de la Jamahiriya arabe libyenne des Grands Peuples Socialistes.*
- Cr. ADHHP, Requête n° 002/2013, *Commission africaine des droits de l'homme c/ Libye,* Ordonnance du 15 mars 2013.
- Requête n° 006/2012, *Commission africaine des droits de l'homme c/ République du Kenya,* Ordonnance du 15 mars 2013.
- Cr. ADHHP, Communication 411/12 - *Saif Al-Islam Kadhafi (représenté par Mishana Hosseinioun) c/*

Libye (Affaire pour le non-respect des mesures provisoires) ;

- Cr. ADHHP, Communication 381/09, Centre pour le développement des droits des minorités -Kenya et Minority Rights Group International (pour le compte de la *Communauté Ogiek de la forêt de Mau) c/ Kenya* (pour le non-respect des mesures provisoires, et pour violations graves et massives des droits de l'homme) ;
- Cr. ADHHP, Communication 394/11 - Initiative égyptienne pour les droits personnels (EIPR), Human Rights Watch (HRW) Interights, et de la Ligue libyenne des droits de l'homme (au nom du peuple de la Libye) c/ Libye (cas de graves et massives violations des droits de l'homme).
- Cr. ADHHP, Requête n° 007/2011*Michelot Yogogombaye c. Sénégal*
- Cr. ADHHP, *Yousef Ababou c. Royaume du Maroc, Daniel Amare & Mulugeta Amare c. Mozambique Airlines & Mozambique,*
- Cr. ADHHP, Requête n° 010/2011, *Efoua Mbozo'o Samuel c. Le Parlement Panafricain,*
- Cr. ADHHP, *Convention nationale des Syndicats du Secteur de l'Éducation (CONASYSED) c. République du Gabon,*
- Cr. ADHHP, *Delta International Investments SA, M. AGL de Lang et Mme de Lang c. République d'Afrique du Sud,*
- Cr. ADHHP, *Emmanuel Joseph Uko c. République d'Afrique du Sud,*

- Cr. ADHHP, *Timan Amir Adam c. République du Soudan* (Décision du 30 mars 2012),
- Cr. ADHHP, *Ekollo Moundi Alexandre c. République du Nigéria et République du Cameroun,*
- Cr. ADHHP, Requête 002/2011, *Soufiane Abadou c. République algérienne démocratique et populaire* (décision du 16 juin 2011),
- Cr. ADHHP, Requête n° 002/2012, *Affaire Delta international investments SA, M. AGL De Lange et Mme De Lange c/ République Sud-africaine* (Décision du 30 mars 2012).
- Cr. ADHHP, Requête n° 006/2011, affaire des *Juristes d'Afrique pour la Bonne Gouvernance c/ Côte d'Ivoire,* décision du 16 juin 2011.
- Cr. ADHHP, Requêtes n° 009/2011 et 011/2011, *Tanganyika Law Society and The Legal and human Rigths Centre et Révérend Christopher Mtikila c/ République unie de Tanzanie,* arrêt du 14 juin 2013,
- Cr. ADHP, *Alex Thomas c. République-Unie de Tanzanie*, 25 novembre 2015, n° 005/2013.
- Cr. ADHP, *Frank David Omary et autres c. République-Unie de Tanzanie*, 28 mars 2014, requête n° 001/2012.
- Cr. ADHP, *Peter Joseph Chacha c. République-Unie de Tanzanie*, 28 mars 2014, requête n° 003/2012.
- Cr. ADHHP, Requête n° 013/2011, *Norbert Zongo, Abdoulaye Nikiema Dit. Ablasse, Ernest Zongo et Blaise ILoudo et le Mouvement Bukinabé des droits de l'homme et des peuples c/ Burkina Faso,* Arrêt du 28 mars 2014

- Cr. ADHHP, Requête n° 04/2013, *Issa Lohé Konaté c/ Burkina Faso*, Décision du 05 décembre 2014.
- Cr. ADHHP, Requête n° 002/2013 – Avis consultatif, Comité africain d'experts sur les droits et le bien-être de l'enfant (CAEDBE).
- Cr. ADHHP, Requête n° 003/2014, *Ingabire Victoire Umuhoza c. République du Rwanda*, (arrêt sur la compétence du 3 juin 2016).

D. Jurisprudence de la Cour Européenne des Droits de l'Homme

- CEDH, arrêt Allenet de Ribemont c/ France, 1995.
- CEDH, Affaire *Guerra et autres c/ Italie*, 18 février 1998
- CEDH, A.1, Affaire Lawless c/ Irlande, 14 novembre 1960.
- CEDH, A.2, Affaire Lawless c/ Irlande, 7 avril 1961.

E. Jurisprudence de la Cour Interaméricaine des Droits de l'Homme

- IACHR, proposed amendements to the naturalisation provisions of the constitution of Costa Rica, OC-4/84, January, 19, 1984, série A n° 4, CIADH, avis consultatif, restriction de la peine de mort, n° OC-3 / 83 du 8 septembre 1983, § 22.
- CIADH, Affaire Velasquez Roriguez c/ Honduras, 29 juillet 1988, série C, n° 2.
- CIADH, Avis consultatif, N° OC-1/82 du 24 septembre 1982, Inter-américan Court of human Rights, jugement and opinions, n°1(1982).

- CIADH, avis consultatif, OC-11/90 du 10 août 1990, “Exceptions to exhaustion of domestic in case of idengence or indigenous or inability to obtain legal representation because of generalised sear within the legal community’’.
- CIADH, affaire Viviana Gallardo, arrêt du 13 novembre 1987, n° G 101/81 série A.
- CIADH, Avis consultatif OC-5/85, 13 novembre 1985, Série A, n°5, § 24, *the obligatory colegiacion of journalists* (articlos 13 and 29 American Convention on human rights).
- CIADH, *Baenas Ricardo y otros, Excepciones preliminares*, arrêt du 18 novembre 1999, Série C, n° 61.
- CIADH, Arrêt Caballero Delgado et Santana c/ Colombie, 8 décembre 1995.

VI. REFERENCES INTERNET

- http://fr.african-court.org/ : Site de la Cour africaine des droits de l’homme et des peuples
- www.fidh.org : Site de la Fédération internationales des ligues des droits de l’homme
- www.revue-df.org, www.droitsfondamentaux.org : Site de la Revue de Droits fondamentaux
- www.africancourtconsulting.com Ce site internet a pour but de renforcer la Cour africaine des droits de l’Homme et des peuples en promouvant un meilleur accès des citoyens à la Cour.
- www.africa-union.org : Site de l’Union Africaine

- www.achpr.org : Site de la Commission africaine des droits de l'homme et des peuples
- www.africancourtcoalition.org : Site de la Coalition pour la Cour africaine des droits de l'homme et des peuples
- www.google.fr : Recherche Google
- www.cidh.oas.org/ : Site de la Commission interaméricaine des droits de l'homme
- www.corteidh.or.cr/ : Site de la Cour interaméricaine des droits de l'homme
- www.droitshumains.org/Bibslio/Txt_Afr/HP_Afr.htm/ Site des instruments africains de protection des droits de l'homme
- http://www.ridi.org/adi : Site de la Revue d'analyse juridique de l'actualité internationale.
- http://www.apt.ch : Site de l'Association pour la prévention de la torture.

ANNEXES

ANNEXE 1 :

Le Protocole relatif à la Charte africaine des droits de l'Homme et des peuples, portant création d'une Cour africaine des droits de l'Homme et des peuples

Adopté le 9 juin 1998 et entré en vigueur le 25 janvier 2004

LE PROTOCOLE

Les États membres de l'Organisation de l'Unité Africaine (ci-après dénommée OUA), États parties à la **Charte africaine des droits de l'Homme et des peuples**, **Considérant** la **Charte** de l'**Organisation de l'Unité Africaine**, aux termes de laquelle la liberté. L'égalité, la justice, la paix et la dignité sont des objectifs essentiels à la réalisation des aspirations légitimes des peuples africains,

Notant que la Charte africaine des droits de l'Homme et des peuples réaffirme l'attachement aux principes des droits de l'Homme et des peuples aux libertés ainsi qu'aux devoirs contenus dans les déclarations, conventions et autres instruments adoptés par l'Organisation de l'Unité Africaine et d'autres organisations internationales **Reconnaissant** le double objectif de la Charte africaine des droits de l'Homme et des peuples qui est de garantir, d'une part la promotion, d'autre part, la protection des droits de l'homme et des peuples, des libertés et des devoirs,

Reconnaissant en outre les progrès accomplis par la Commission **africaine des droits de l'homme et des peuples** depuis sa création en 1987 en matière de promotion et de protection des droits de l'homme et des peuples,

Rappelant la résolution AHG/Res.230(XXX) par laquelle la Conférence des Chefs d'État et de Gouvernement réunie en juin 1994 à Tunis (Tunisie) a demandé au Secrétaire général de convoquer une réunion d'experts gouvernementaux, pour procéder, en consultation avec la Commission africaine des droits de l'Homme et des peuples à l'examen des possibilités de renforcer l'efficacité de la Commission et notamment de la question de création d'une **Cour africaine des droits de l'Homme et des peuples**,

Notant les 1re et 2e réunions d'experts juristes gouvernementaux tenues respectivement au Cap, Afrique du Sud (septembre 1995), à Nouakchott, Mauritanie (avril 1997), et la 3e réunion élargie aux diplomates, tenue à Addis-Abeba, Éthiopie (décembre 1997)

Fermement convaincus que la réalisation des objectifs de la Charte **africaine des droits de l'Homme et des peuples nécessite** la création d'une Cour africaine des droits de l'homme et des peuples pour compléter et renforcer la mission de la Commission africaine des droits de l'Homme et des peuples **sont convenus de ce qui suit** :

Article 1/Création de la Cour

Il est créé, au sein de l'Organisation de l'Unité Africaine, une **Cour africaine des droits de l'Homme et des peuples** (ci-après dénommée : la **Cour**), dont l'organisation, la compétence et le fonctionnement sont régis par le présent Protocole.

Article 2/Relations entre la Cour et la Commission

La Cour, tenant dûment compte des dispositions du présent Protocole, complète les fonctions de protection que la Charte africaine des droits de l'homme et des peuples (ci-après dénommée : **la Charte**) a conférées à la Commission africaine des droits de l'Homme et des peuples (ci-après dénommée : **la Commission**).

Article 3/Compétences de la Cour

1. La Cour a compétence pour connaître de toutes les affaires et de tous les différends dont elle est saisie concernant l'interprétation et l'application de la Charte, du présent Protocole, et de tout autre instrument pertinent relatif aux droits de l'homme et ratifié par les États concernés.

2. En cas de contestation sur le point de savoir si la Cour est compétente, la Cour décide.

Article 4/Avis consultatifs

1. À la demande d'un État membre de l'OUA, de tout organe de l'OUA ou d'une organisation africaine reconnue par l'OUA, la Cour peut donner un avis sur toute question juridique concernant la Charte ou tout autre instrument pertinent relatif aux droits de l'Homme, à condition que l'objet de l'avis consultatif ne se rapporte pas à une requête pendante devant la Commission.

2. Les avis consultatifs de la Cour sont motivés. Un juge peut y joindre une opinion individuelle ou dissidente.

Article 5/Saisine **de** la Cour

1. Ont qualité pour saisir là Cour

a/la Commission,

b/l'État partie qui a saisi la Commission,

c /l'État partie contre lequel une plainte a été introduite,

d /l'État partie dont le ressortissant est victime d'une violation des droits de l'Homme,

e/les organisations intergouvernementales africaines.

2. Lorsqu'un État partie estime avoir un intérêt dans une affaire, il peut adresser à la
Cour une requête aux fins d'intervention.

3. La Cour peut permettre aux individus ainsi qu'aux organisations non gouvernementales (ONG) dotées du statut d'observateur auprès de la Commission d'introduire des requêtes directement devant elle, conformément à l'article 34(6) de ce Protocole.

Article 6/Recevabilité des requêtes

1. La Cour, avant de statuer sur la recevabilité d'une requête introduite en application de l'article 5(3) du présent Protocole, peut solliciter l'avis de la Commission qui doit le donner dans les meilleurs délais.

2. La Cour statue sur la recevabilité des requêtes en tenant compte des dispositions énoncées à l'article 56 de la Charte

3. La Cour peut connaître des requêtes ou les renvoyer devant la Commission.

Article 7/Droit applicable

La Cour applique les dispositions de la Charte ainsi que tout autre instrument pertinent relatif aux droits de l'Homme et ratifié par l'État concerné.

Article 8/Examen des requêtes

La Cour fixe dans son Règlement Intérieur les conditions d'examen des requêtes dont elle est saisie en tenant compte de la complémentarité entre elle et la Commission

Article 9/Règlement à l'amiable

La Cour peut tenter de régler à l'amiable les cas qui lui sont soumis conformément aux dispositions de la Charte.

Article 10/Audiences de la Cour et représentation

1. Les audiences de la Cour sont publiques. La Cour peut cependant tenir ses audiences à huis clos, dans les conditions prévues par le Règlement intérieur.

2. Toute partie à une affaire a le droit de se faire représenter par le conseil juridique de son choix. Une représentation, ou une assistance judiciaire, peut être gratuitement assurée dans les cas où l'intérêt de la justice l'exige.

3. Toutes personnes, témoins ou représentants des parties appelés à comparaître devant la Cour, jouissent de la protection et des facilités reconnues par le droit international, et nécessaires à l'accomplissement de leurs fonctions, de leurs devoirs et de leurs obligations en rapport avec la Cour.

Article 11/Composition de la Cour

1. La Cour se compose de onze juges, ressortissants des États membres de l'OUA, élus à titre personnel parmi des juristes jouissant d'une très haute autorité morale, d'une compétence et expérience juridique, judiciaire ou académique reconnue dans le domaine des droits de l'Homme et des peuples.

2. La Cour ne peut comprendre plus d'un juge de la même nationalité.

Article 12/Candidatures

1. Chaque État partie au Protocole peut présenter jusqu'à trois candidats dont au moins deux doivent être ressortissants de l'État qui les présente.

2. Lors de la présentation des candidatures, il sera dûment tenu compte de la représentation adéquate des deux sexes.

Article 13/Liste des candidats

1. Dès l'entrée en vigueur du présent Protocole, le Secrétaire général de l'OUA invite les États parties au Protocole à procéder, dans un délai de quatre-vingt-dix (90) jours, à la présentation des candidatures au poste de juge à la Cour.

2. Le Secrétaire général de l'OUA dresse la liste alphabétique des candidats présentés et la communique aux États membres de l'OUA, au moins trente (30) jours avant la session suivante de la Conférence des Chefs d'État et de Gouvernement de l'OUA (ci-après dénommée : **la Conférence**).

Article 14/Élections

1. Les juges à la Cour sont élus au scrutin secret par la Conférence sur la liste visée à l'article 13(2) du présent Protocole.

2. La Conférence veille à ce que la composition de la Cour reflète une répartition géographique équitable ainsi que les grands systèmes juridiques.

3. Lors des élections, la Conférence veille à ce que la représentation adéquate des deux sexes soit assurée.

Article 15/Mandat des juges

1. Les juges à la Cour sont élus pour une période de six ans et sont rééligibles une seule fois. Toutefois, le mandat de quatre juges élus lors de la première élection prend fin au bout de deux ans et le mandat de quatre autres prend fin au bout de quatre ans.

2. Les juges dont le mandat prend fin au terme des périodes initiales de deux et quatre ans sont tirés au sort par le Secrétaire général de l'OUA, immédiatement après la première élection.

3. Le juge élu pour remplacer un autre juge dont le mandat n'est pas arrivé à terme achève la portion du mandat de son prédécesseur qui reste à courir.

4. Tous les juges, à l'exception du Président, exercent leurs fonctions à temps partiel. Cependant, la Conférence peut modifier cette décision si elle le juge nécessaire.

Article 16/Serment

Après leur élection, les juges prêtent serment d'exercer leurs fonctions en toute impartialité et loyauté.

Article 17/Indépendance des juges

1. L'indépendance des juges est pleinement assurée conformément au droit international.

2. Les juges ne peuvent siéger dans une affaire dans laquelle ils sont antérieurement intervenus comme agents, conseils ou avocats de l'une des parties, membre d'un tribunal national ou international, d'une commission d'enquête, ou à tout autre titre. En cas de doute sur la réalité de cette intervention, la Cour tranche.

3. Dès leur élection et pendant toute la durée de leur mandat, les juges à la Cour jouissent des privilèges et immunités reconnus en droit international au personnel diplomatique.

4. Les juges à la Cour ne peuvent, à aucun moment, même après l'expiration de leur mandat, être poursuivis en raison des votes ou des opinions émis dans l'exercice de leurs fonctions.

Article 18/Incompatibilité

Les fonctions de juge à la Cour sont incompatibles avec toutes autres activités de nature à porter atteinte aux exigences d'indépendance ou d'impartialité liées à la fonction, et telles que stipulées dans le Règlement intérieur.

Article 19/Fin du mandat du juge

1. Un juge ne peut être suspendu ou relevé de ses fonctions que si, de l'avis unanime des autres juges à la Cour, il a cessé de répondre aux conditions requises.

2. La décision de la Cour est définitive à moins que la Conférence n'en décide autrement lors de sa session suivante.

Article 20/Vacance de siège

1. En cas de décès ou de démission d'un juge à la Cour, le Président de la Cour informe immédiatement le Secrétaire général de l'OUA qui déclare le siège vacant à partir de la date du décès ou de celle à laquelle la démission prend effet.

2. La Conférence procède au remplacement du juge dont le siège est devenu vacant à moins que le mandat restant soit inférieur à cent quatre-vingt (180) jours.

3. La même procédure et les mêmes considérations définies aux articles 12, 13 et 14
du présent Protocole sont applicables pour pourvoir aux sièges vacants.

Article 21/Présidence de la Cour

1. La Cour élit son Président et son Vice-Président pour une période de deux ans renouvelable une seule fois.

2. Le Président exerce ses fonctions à plein temps. Il réside au lieu du siège de la Cour.

3. Les fonctions du Président ainsi que celles du Vice-Président sont déterminées dans le Règlement intérieur de la Cour.

Article 22/Récusation

Au cas où un juge possède la nationalité d'un État partie à une affaire, il se récuse.

Article 23/Quorum

Pour l'examen de chaque affaire portée devant elle, la Cour siège avec un quorum d'au moins sept juges.

Article 24/Greffe de la Cour

1. La Cour désigne son Greffier et les autres fonctionnaires du Greffe parmi les ressortissants des États membres de l'OUA, conformément aux dispositions de son Règlement intérieur.

2. Le Greffier réside au lieu du siège de la Cour.

Article 25/Siège de la Cour

1. Le siège de la Cour est établi dans un État partie au Protocole par la Conférence. La Cour peut toutefois siéger sur le territoire de tout État membre de l'OUA sur décision de la majorité de ses membres et avec l'agrément préalable de l'État concerne.

2. La Conférence peut décider, après avis de la Cour, de changer le siège de celle-ci.

Article 26/Preuves

1. La Cour procède à l'examen contradictoire des requêtes qui lui sont soumises et s'il y a lieu, à une enquête. Les États intéressés fournissent toutes les facilités nécessaires à la conduite efficace de l'affaire.

2. La Cour reçoit tous moyens de preuves (écrites ou orales) qu'elle juge appropriées et sur lesquelles elle fonde ses décisions.

Article 27/Décisions de la Cour

1. Lorsqu'elle estime qu'il y a eu violation d'un droit de l'homme ou des peuples, la Cour ordonne toutes les mesures appropriées afin de remédier à la situation, y compris le paiement d'une juste compensation ou l'octroi d'une réparation.

2. Dans les cas d'extrême gravité ou d'urgence et lorsqu'il s'avère nécessaire d'éviter des dommages irréparables à des personnes, la Cour ordonne les mesures provisoires qu'elle juge pertinentes.

Article 28/Arrêt de la Cour

1. La Cour rend son arrêt dans les quatre-vingt-dix (90) jours qui suivent la clôture de l'instruction de l'affaire.

2. L'arrêt de la Cour est pris à la majorité ; il est définitif et ne peut faire l'objet d'appel.

3. La Cour peut, sans préjudice des dispositions de l'alinéa (2) qui précède, réviser son arrêt, en cas de survenance de preuves dont elle n'avait pas connaissance au moment de sa décision et dans les conditions déterminées dans le Règlement intérieur.

4. La Cour peut interpréter son arrêt.

5. L'arrêt de la Cour est prononcé en audience publique, les parties étant dûment prévenues.

6. L'arrêt de la Cour est motivé.

7. Si l'arrêt de la Cour n'exprime pas, en tout ou en partie, l'opinion unanime des juges, tout juge a le droit d'y joindre une opinion individuelle ou dissidente.

Article 29/Signification de l'arrêt

1. L'arrêt de la Cour est signifié aux parties en cause et transmis aux États membres de l'OUA, ainsi qu'à la Commission.

2. Les arrêts de la Cour sont aussi notifiés au Conseil des ministres qui veille à leur exécution au nom de la Conférence.

Article 30/Exécution des arrêts de la Cour

Les États parties au présent Protocole s'engagent à se conformer aux décisions rendues par la Cour dans tout litige où ils sont en cause et à en assurer l'exécution dans le délai fixé par la Cour.

Article 31/Rapport

La Cour soumet à chaque session ordinaire de la Conférence un rapport annuel sur ses activités. Ce rapport fait état en particulier des cas où un État n'aura pas exécuté les décisions de la Cour.

Article 32/Budget

Les dépenses de la Cour, les émoluments et les indemnités des juges, y compris les dépenses du Greffe sont fixés et pris en charge par l'OUA, conformément aux critères arrêtés par celle-ci en consultation avec la Cour.

Article 33/Règlement intérieur

La Cour établit son Règlement Intérieur et détermine sa propre procédure. La Cour consulte la Commission chaque fois que de besoin.

Article 34/Ratification

1. Le présent Protocole est ouvert à la signature, à la ratification ou à l'adhésion des
États parties à la Charte.

2. Les instruments de ratification ou d'adhésion au présent Protocole sont déposés auprès du Secrétaire général de l'OUA.

3. Le présent Protocole entre en vigueur trente (30) jours après le dépôt de quinze instruments de ratification ou d'adhésion.

4. Pour chacun des États parties qui le ratifient ou y adhèrent ultérieurement, le présent
Protocole prend effet à la date du dépôt de l'instrument de ratification ou d'adhésion.

5. Le Secrétaire général de l'OUA informe les États membres de l'entrée en vigueur du présent Protocole.

6. À tout moment, à partir de la ratification du présent Protocole, l'État doit faire une déclaration acceptant la compétence de la Cour pour recevoir les requêtes énoncées à I article 5(3) du présent Protocole. La Cour ne reçoit aucune requête en application de l'article 5(3) intéressant un État partie qui n'a pas fait une telle déclaration.

7. Les déclarations faites en application de l'alinéa (6) ci-dessus sont déposées auprès du Secrétaire général de l'OUA qui transmet une copie aux États parties.

Article 35/Amendements

1. Le présent Protocole peut être amendé si un État partie adresse à cet effet une demande écrite au Secrétaire général de l'OUA. La Conférence peut approuver, à la majorité absolue, le projet d'amendement lorsque tous les États parties au présent Protocole en auront été dûment avisés et après avis de la Cour.

2. La Cour peut également, si elle juge nécessaire, par l'intermédiaire du Secrétaire général de l'OUA, proposer des amendements au présent Protocole.

3. L'amendement entre en vigueur pour chaque État qui l'aura accepté trente (30) jours après la notification de cette acceptation au Secrétaire général de l'OUA.

ANNEXE 2 :

État de ratification de la Charte africaine des droits de l'homme et des peuples et du Protocole y relatif portant création de la Cour africaine des droits de l'homme et des peuples (au 30/12/2017)

		Charte africaine des droits de l'homme et des peuples	Protocole à la Charte portant création de la Cour africaine des droits de l'homme et des peuples		
N°	PAYS	Date de ratification	Signature	Ratification	Dépôt de la déclaration
1	Algérie	01/03/1987	13/07/1999	22/04/2003	
2	Angola	02/03/1990	22/01/2007	-	
3	Bénin	20/01/1986	09/06/1998	22/08/2014	**08/02/2016**
4	Botswana	17/07/1986	09/06/1998	-	
5	Burkina Faso	06/07/1984	09/06/1998	31/12/1998	**28/07/1998**
6	Burundi	28/07/1989	09/06/1998	02/04/2003	
7	Cameroun	20/06/1989	25/07/2006	17/08/2015	
8	RCA	26/04/1986	04/03/2002	-	
9	Cap Vert	02/06/1987	-	-	
10	Tchad	09/10/1986	06/12/2004		
11	Côte d'Ivoire	06/01/1992	09/06/1998	07/01/2003	**23/07/2013**
12	Iles de Comores	01/06/1986	09/06/1998	23/12/2003	
13	Congo	09/12/1982	09/06/1998	10/08/2010	
14	Djibouti	11/11/1991	15/11/2005	-	
15	RDC	20/07/1987	09/09/1999	-	
16	Égypte	20/03/1984	17/02/1999	-	
17	Guinée Équatoriale	07/04/1986	09/06/1998	-	
18	Érythrée	14/01/1999	-	-	
19	Éthiopie	15/06/1998	09/06/1998	-	
20	Gabon	20/02/1986	09/06/1998	14/08/2000	
21	Gambie	08/06/1983	09/06/1998	30/06/1999	
22	Ghana	24/01/1989	09/06/1998	25/08/2004	**10/03/2011**
23	Guinée-Bissau	04/12/1985	09/06/1998	-	
24	Guinée	16/02/1982	08/07/2003	-	
25	Kenya	23/01/1992	07/07/2003	04/02/2004	
26	Libye	19/07/1986	09/06/1998	19/11/2003	

27	**Lesotho**	10/02/1992	29/10/1999	28/10/2003	
28	**Libéria**	04/08/1982	09/06/1998	-	
29	**Madagascar**	09/03/1992	09/06/1998	-	
30	**Mali**	21/12/1981	09/06/1998	10/05/2000	**19/02/2010**
31	**Malawi**	17/11/1989	09/06/1998	09/09/2008	**09/10/2008**
32	**Mozambique**	22/02/1989	23/05/2003	17/07/2004	
33	**Mauritanie**	14/06/1986	22/03/1999	19/05/2005	
34	**Ile Maurice**	19/06/1992	09/06/1998	03/03/2003	
35	**Namibie**	30/07/1992	09/06/1998	-	
36	**Nigéria**	22/06/1983	09/06/2004	20/05/2004	
37	**Niger**	15/07/1986	09/06/1998	17/05/2004	
38	**Rwanda**[399]	15/07/1983	09/06/1998	05/05/2003	**06/02/2013**
39	**Afrique du Sud**	09/07/1996	09/06/1999	03/07/2002	
40	**République Arabe Sahraouie démocratique**	02/05/1986	25/07/2010	27/01/2014	
41	**Sénégal**	13/08/1982	09/06/1998	29/09/1998	
42	**Seychelles**	13/04/1992	09/06/1998	-	
43	**Sierra Léone**	21/09/1983	09/06/1998	-	
44	**Somalie**	31/07/1985	23/02/2006	-	
45	**Sao Tomé & Principe**	23/05/1986	01/02/2010	-	
46	**Soudan**	18/02/1986	09/06/1998	-	
47	**Sud Soudan**	-	24/01/2013	-	
48	**Swaziland**	15/09/1995	07/12/2004	-	
49	**Tanzanie**	18/02/1984	09/06/1998	07/02/2006	**29/03/2010**
50	**Togo**	05/11/1982	09/06/1998	23/06/2003	
51	**Tunisie**	16/03/1983	09/06/1998	21/08/2007	**16/04/2017**
52	**Ouganda**	10/05/1986	01/02/2001	16/02/2001	
53	**Zambie**	10/01/1984	09/06/1998	-	
54	**Zimbabwe**	30/05/1986	09/06/1998	-	
Nombre total d'États parties		**53**	**52**	**30**	**8**

Source : www.africa-union.org, www.africancourtcoalition.org

[399] Le 3 mars 2016, la Commission de l'Union africaine a notifié la Cour de la réception de la lettre de la République du Rwanda portant retrait de sa déclaration faite en vertu de l'article 34 (6) et déposée en février 2013.

TABLE DES MATIÈRES

DROIT
AUX ÉDITIONS L'HARMATTAN

Dernières parutions

DROIT DES RESSOURCES NATURELLES
Éléments d'élaboration, d'analyse et d'évaluation des lois
Mukendi Mukendi Ntantamika
Préface de Maître Emery Mukendi Wafwana

Cet ouvrage tente de répondre à la problématique induite par la quête scientifique et politique d'un meilleur système d'appropriation des ressources naturelles, d'un meilleur dispositif de contrôle d'accès à leurs gisements et de redistribution des revenus de leur exploitation. C'est par la construction d'archétypes de régimes juridiques déduits des critères institutionnels, écologiques, sociaux et économiques du principe de développement durable que ce livre procède.

(Coll. Harmattan RDC, 612 p., 49 euros)
ISBN : 978-2-343-15169-4, EAN EBOOK : 9782140122569

LES PROCÉDURES DE CONTRÔLE A POSTERIORI EN RD CONGO
Mise en oeuvre de contrôles douaniers et accisiens modernes et efficaces
Alain Tenday Lupumba
Préface d'Albert Yuma Mulimbi - Postface de Gabriel Mwepu Numbi

"Les objectifs de cet ouvrage sont de sensibiliser les professionnels et les autres acteurs du commerce international aux spécificités du contrôle douanier a posteriori et d'offrir une approche pratique et spécifique des rôles et responsabilités des uns et des autres. En l'intitulant Les procédures de contrôle a posteriori en RD Congo, mise en oeuvre de contrôles douaniers et accisiens modernes et efficaces, l'auteur a volontairement pris le parti de questionner l'ensemble des composantes susceptibles d'influencer la performance de l'administration douanière, y compris les aspects humains" (extrait de la préface de Albert Yuma Mulimbi)

(Coll. Comptes Rendus, 270 p., 28 euros)
ISBN : 978-2-343-17235-4, EAN EBOOK : 9782140122149

AN OUTILINE OF CUSTOMS POLICY OF THE DEMOCRATIC REPUBLIC OF CONGO
2003-2010
Jean-Paul Esamba Bokel'Ipoka
Foreword by Déo Rugwiza Magera

An Outline of Customs Policy of the Democratic Republic of Congo presents in the easiest way what is meant by customs policy in general, its basics namely: objects, elements, sources, instruments, functions (...), regional and international frameworks. The author stresses on the customs policy progress from 2003 to 2010, which is a decisive period in the DRC customs management, through the implementation of 2003 customs reform and modernization programme.

(Coll. Harmattan Cameroun, 156 p., 17 euros)
ISBN : 978-2-343-17710-6, EAN EBOOK : 9782140122040

LA GOUVERNANCE FORESTIÈRE EN RÉPUBLIQUE DU CONGO 1899-2017

André Ondele-Kanga

Ce livre a été rédigé pour documenter et archiver, au profit des générations futures, l'historique de la gouvernance forestière en République du Congo de 1899 à 2018. Il dénonce un paradoxe de la gouvernance forestière actuelle qui, renonçant à la croissance économique du secteur, fonde son satisfécit sur le succès diplomatique retentissant qui fait jouer au pays un rôle honorifique de leadership des forêts du bassin du Congo.

(Coll. Harmattan Congo-Brazzaville, 376 p., 37,5 euros)

ISBN : 978-2-343-15305-6, EAN EBOOK : 9782140121845

LES CHEFFERIES TRADITIONNELLES AFRICAINES FACE À LA DYNAMIQUE DES RÉFORMES TERRITORIALES

Contribution à l'étude des processus de décentralisation

Koko Adiki Tovenim

Cette étude, au-delà d'un bilan sur les processus de décentralisation en Afrique, se veut aussi prospective en offrant une mise à jour des institutions locales en Afrique subsaharienne dans le cadre des réformes territoriales entreprises ces dernières années.

(Coll. Études africaines, 228 p., 24,5 euros)

ISBN : 978-2-343-17045-9, EAN EBOOK : 9782140121371

LES MUTATIONS RÉCENTES DE LA JUSTICE ADMINISTRATIVE EN AFRIQUE FRANCOPHONE

Etude critique à partir du modèle camerounais

Olivier Fandjip

En Afrique francophone, on observe ces dernières années des réformes qui tendent, d'une part, à consolider les différents modèles de justice administrative en vigueur et, d'autre part, à améliorer la qualité de la justice. Ces évolutions renouvellent les interrogations sur la déconcentration et l'autonomie des juridictions administratives. À travers une analyse critique et prospective, cet ouvrage montre que, malgré l'importance de ces mutations, les problématiques de l'accès et de l'autonomie de la justice administrative se posent encore avec acuité.

(Coll. Études africaines, 254 p., 25 euros)

ISBN : 978-2-343-16510-3, EAN EBOOK : 9782140120657

DROITS DES TÉLÉCOMS ET DU NUMÉRIQUE

Profil africain et congolais, prospective comparée d'Europe et de France

Kodjo Ndukuma Adjayi

Les télécoms, l'Internet et le numérique sont des facteurs techniques de transformation du droit. À l'origine, les télécoms étaient sous le régime des services publics. À partir des États-Unis et de l'Europe, l'OMC (1994-1997) a promu le droit sectoriel de la régulation. Partout, de nouveaux défis sont nés, dans le démantèlement des monopoles vers une totale économie de marché. Pour la République démocratique du Congo, ses lois « dérégulatrices », figées depuis le 16 octobre 2002, contrastent avec les mutations numériques, économiques et sociétales des États postmodernes à l'épreuve d'Internet. L'« Europe des télécoms » réajuste constamment sa politique législative autour d'objectifs structurants : construction du marché, diffusion technologique, protection des données, etc. Si l'Afrique s'adapte à peine et avec peine, la République démocratique du Congo entend bien encadrer télécoms et TIC, renouveau de régulation étatique, échanges et commerce électroniques, à travers trois textes de loi en gestation...

(Coll. Enjeux et droits numériques, 434 p., 39 euros)

ISBN : 978-2-343-15722-1, EAN EBOOK : 9782140119033

DROIT DE L'ÉCONOMIE NUMÉRIQUE

E-commerce et dérégulation européenne, française, internationale, africaine, congolaise des télécoms

Kodjo Ndukuma Adjayi

Télécoms, Internet et numérisation ont donné prise à la révolution numérique. La phénoménologie d'ordre sociétal qui en résulte est une source réelle pour le Droit. Aujourd'hui, l'État fait face à des polycentres du pouvoir normatif et aux géants planétaires du Net. L'indépendance du Net postule la régulation seulement par le code informatique et par le marché. Tourneboulés, les paradigmes du droit offrent deux approches possibles de législation : via le contenu des activités réseautées ou via leur contenant. Le réseau est, en effet, la voie électronique pour le commerce à distance. Il monétise la valeur du clic ainsi que les intelligences sans cesse inventives. Il faut donc appréhender les enjeux dans le champ d'un Droit de l'économie numérique.

(Coll. Enjeux et droits numériques, 460 p., 42 euros)

ISBN : 978-2-343-15721-4, EAN EBOOK : 9782140119057

ESCULAPE ET MARS

Certificat médical et détention d'armes

Tanguy Kerneïs

Comment rédiger un certificat médical pour "faire du tir" et que faut-il écrire ? Engage-t-on sa responsabilité pour établir un certificat lors d'une demande d'inscription à l'examen du permis de chasser ou pour rédiger un document pour ce patient qui vient d'hériter du fusil du grand-père et qui veut le conserver ? Cet ouvrage explique les arcanes de la législation des armes et détaille les diverses situations pour que ces certificats ne deviennent pas une source d'inquiétude supplémentaire à une époque où la détention et l'usage d'une arme provoquent une angoisse sociétale.

SPM (92 p., 13 euros)

ISBN : 978-2-917232-98-9, EAN EBOOK : 9782140119460

CENTENAIRE DE LA DEUXIÈME RÉVOLUTION RUSSE

Perceptions et représentations contemporaines

David Cumin

2017 fut l'année du centenaire de la Révolution russe. Les contributions regroupées dans cet ouvrage s'intéressent aux perceptions et aux représentations contemporaines de cet événement. Comment perçoit-on le bolchevisme et l'URSS de nos jours, aussi bien en Russie qu'en France ou en Europe occidentale ? Andreï Gratchev (ancien conseiller de Mikhaïl Gorbatchev) fournit une réponse inédite sur ce point.

(Coll. Épistémologie et philosophie des sciences, 182 p., 19 euros)

ISBN : 978-2-343-17482-2, EAN EBOOK : 9782140120411

SÉPARATION DES POUVOIRS ET CONTRE-POUVOIRS

Actes des 1ères journées scientifiques de droit constitutionnel

Palais des Congrès de Niamey, du 10 au 13 octobre 2017

Oumarou Narey

Avec l'Association Nigérienne de Droit Constitutionnel (Andc)

L'ouvrage tente de remettre en lumière l'essence de la séparation des pouvoirs et l'esprit des contre-pouvoirs alors qu'ils ont toujours été au centre des débats doctrinaux. La tombée en désuétude de la théorie ou son inadaptation aux réalités contemporaines fait que l'on assiste aujourd'hui à la construction d'une notion de substitution, celle de contre-pouvoir. Mais le recours presque frénétique à la notion, dans le champ du droit constitutionnel et politique, comporte un risque principal : celui de la perte de toute portée explicative et de son sens critique.

(Coll. Harmattan Sénégal, 518 p., 49 euros)

ISBN : 978-2-343-16827-2, EAN EBOOK : 9782140120237

QUAND SURVEILLER C'EST PUNIR

Vers un au-delà de la justice pénale

Dominique Rivière

Punir semble la réponse naturelle à un acte jugé indésirable. Pourtant, constatant l'impossibilité de définir clairement l'acte délictueux ou criminel, et réalisant que ce sont surtout les pauvres qui sont punis, la question du sens de la peine se pose, et plus encore sa justification. Remplacer le mot crime par situation problème, c'est envisager un au-delà de la justice rétributive. Refuser toute violence, c'est aller vers une société où le paradigme punitif cède la place au soin, à l'éducation, à la médiation, à la protection des personnes. Abolir la prison, et le Code pénal, suppose un changement de regard : l'autre, dans une altérité parfois très difficile, reste un être de parole et ne peut être l'objet de coercition. Puissent ces lignes ouvrir un nouvel horizon qui exclue radicalement la violence.

(Coll. Questions contemporaines, 222 p., 22,5 euros)

ISBN : 978-2-343-17356-6, EAN EBOOK : 9782140120138

POUR UNE CRIMINOLOGIE INTERCULTURELLE

Ethnoprobation

Guillaume Arandel

Préface de Philippe Pottier. Postface de Loïck M. Villerbu

Travailler avec des personnes délinquantes ou victimes suppose une adaptation à la diversité humaine et la singularité des situations. Or, dans un contexte d'interculturalité, les risques d'incompréhensions, de méprises et de maladresses sont démultipliés. L'analyse proposée ici s'appuie sur différentes méthodes et s'inspire de disciplines telles que : l'approche comparée (France, Canada, Mali), la philosophie, l'anthropologie juridique, l'ethnopsychiatrie, la communication interculturelle ou encore des témoignages. Développer ces savoirs revient à se donner l'opportunité de mieux appréhender les différentes cultures pour, in fine, encourager une meilleure prise de conscience de celle dans laquelle nous évoluons. Il s'agit de mieux appréhender les cultures questionnées, en comprendre leurs déviances et de gagner en lucidité sur leurs valeurs.

(Coll. Controverses, 134 p., 15 euros)

ISBN : 978-2-343-17291-0, EAN EBOOK : 9782140120008

Structures éditoriales du groupe L'Harmattan

L'Harmattan Italie
Via degli Artisti, 15
10124 Torino
harmattan.italia@gmail.com

L'Harmattan Hongrie
Kossuth l. u. 14-16.
1053 Budapest
harmattan@harmattan.hu

L'Harmattan Sénégal
10 VDN en face Mermoz
BP 45034 Dakar-Fann
senharmattan@gmail.com

L'Harmattan Cameroun
TSINGA/FECAFOOT
BP 11486 Yaoundé
inkoukam@gmail.com

L'Harmattan Burkina Faso
Achille Somé – tengnule@hotmail.fr

L'Harmattan Guinée
Almamya, rue KA 028 OKB Agency
BP 3470 Conakry
harmattanguinee@yahoo.fr

L'Harmattan RDC
185, avenue Nyangwe
Commune de Lingwala – Kinshasa
matangilamusadila@yahoo.fr

L'Harmattan Congo
67, boulevard Denis-Sassou-N'Guesso
BP 2874 Brazzaville
harmattan.congo@yahoo.fr

L'Harmattan Mali
Sirakoro-Meguetana V31
Bamako
syllaka@yahoo.fr

L'Harmattan Togo
Djidjole – Lomé
Maison Amela
face EPP BATOME
ddamela@aol.com

L'Harmattan Côte d'Ivoire
Résidence Karl – Cité des Arts
Abidjan-Cocody
03 BP 1588 Abidjan
espace_harmattan.ci@hotmail.fr

L'Harmattan Algérie
22, rue Moulay-Mohamed
31000 Oran
info2@harmattan-algerie.com

L'Harmattan Maroc
5, rue Ferrane-Kouicha, Talaâ-Elkbira
Chrableyine, Fès-Médine
30000 Fès
harmattan.maroc@gmail.com

Nos librairies en France

Librairie internationale
16, rue des Écoles – 75005 Paris
librairie.internationale@harmattan.fr
01 40 46 79 11
www.librairieharmattan.com

Lib. sciences humaines & histoire
21, rue des Écoles – 75005 Paris
librairie.sh@harmattan.fr
01 46 34 13 71
www.librairieharmattansh.com

Librairie l'Espace Harmattan
21 bis, rue des Écoles – 75005 Paris
librairie.espace@harmattan.fr
01 43 29 49 42

Lib. Méditerranée & Moyen-Orient
7, rue des Carmes – 75005 Paris
librairie.mediterranee@harmattan.fr
01 43 29 71 15

Librairie Le Lucernaire
53, rue Notre-Dame-des-Champs – 75006 Paris
librairie@lucernaire.fr
01 42 22 67 13

www.ingramcontent.com/pod-product-compliance
Lightning Source LLC
LaVergne TN
LVHW011310061026
849535LV00005B/1493